대한민국 주식투자
역발상전략 행동경제학

대한민국 주식투자 역발상전략 행동경제학

1판 1쇄 발행 | 2015년 7월 27일

지 은 이 | 류종현
펴 낸 이 | 류종현
펴 낸 곳 | (주)한국주식가치평가원
편　　집 | (주)한국주식가치평가원

대표전화 | 070-8225-3495
팩　　스 | 0504-981-3495
주　　소 | (135-821) 서울시 강남구 학동로 311
홈페이지 | www.kisve.co.kr
이 메 일 | customer@kisve.co.kr
출판등록 | 2012년 4월 16일 제2012-000143호

ⓒ2015 By KISVE.Co.Ltd. All rights reserved.

ISBN 978-89-969718-0-1 13320
값은 뒤표지에 있습니다.

이 도서의 국립중앙도서관 출판예정도서목록(CIP)은 서지정보유통지원시스템 홈페이지
(http://seoji.nl.go.kr)와 국가자료공동목록시스템(http://www.nl.go.kr/kolisnet)에서
이용하실 수 있습니다.
(CIP제어번호 : CIP2015017224)

잘못 만들어진 책은 구입하신 서점에서 교환해 드립니다.
이 책에 실린 모든 내용, 디자인, 편집 구성의 저작권은
㈜한국주식가치평가원과 저자에게 있습니다.

대한민국 주식투자 성공시리즈 ❿

군중을 이기고 심리를 극복하는 실전가치투자전략

대한민국 주식투자
역발상전략
행동경제학

Contrarian Investing & Behavioral Economics

한국주식가치평가원

서문

주식투자에서 돈을 잃는 리스크 없이 돈을 버는 수익률을 누리기 위해서 지켜야 할 대원칙은 무엇일까.

리스크가 없는 수익은 없다고들 쉽게 이야기하지만, 항상 상대적으로 리스크가 적으면서 수익이 큰 투자대상이 존재하기 마련이고, 그런 기회가 발생하기 마련이다.

돈을 잃는 리스크 없이 돈을 버는 수익을 누리기 위한 대원칙 자체는 간단하다.

지금 헐값에 거래되고 있지만 중장기적으로 주가가 내린 폭보다 훨씬 크게 오르거나 최소한 회복할 수밖에 없는 주식을 매수하여 제 값, 혹은 그 이상의 값으로 매도하는 것이다.

주가가 지속적으로 오를 수밖에 없는 주식은 우량한 기업의 주식이고 최소한 회복할 수는 있는 주식은 평범한(평균범위 내에 있는) 기업의 주식인데, 우량하거나 최소한 평범한 주식들을 헐값에 매수하여 중장기적으로 제값, 혹은 그 이상으로 매도하면 되는 것이다.

역으로 말하면, 대원칙을 지킴으로써 최소의 리스크로 최대의 수익률을 내기 위해서 세 가지만 피하면 된다.

첫째, 평균보다 훨씬 열등하여 기업의 사업기반 자체가 약하고, 과거에 유지했던 평균적인 실적보다도 향후 평균적인 실적이 더 열악해질 기업들을 피해야 한다.

둘째, 우량한 기업이나 평균적인 범위 내의 기업들을 매수하는데 성공한다 할지라도 헐값이 아니라 비싸게 매수하는 것을 피해야 한다.

셋째, 헐값에 매수한 후 제값 혹은 고가에 매도해야 하므로, 그 이하의 가격에 매도하거나 심지어는 매수한 헐값 이하에 매도해서는 안 된다.

별 것 아닌 것 같아 보이는 투자성공의 대원칙임에도 불구하고, 왜 대원칙을 지키는데 성공한 투자자들의 비율은 항상 작을까.

첫째로 기업의 사업구조와 이익창출능력을 스스로 분석하는 투자자들이 매우 적고, 대부분의 투자자들은(심지어는 상당한 비율의 기관투자자들조차) 최근 몇 년간 좋았던 기업실적이 향후에도 이어지리라 기대하거나 악화되었던 기업실적이 향후에도 침체될까 우려하는 경향이 있기 때문이다. 즉, 실적이 좋은 기업의 펀더멘털은 과대평가하고 실적이 나쁜 기업의 펀더멘털은 과소평가하는 경향이 있고, 향후 실적을 추정할 때에도 선입견과 주관적 감정(기대나 우려)이 개입되기 때문이다.

둘째로 헐값이 아니라 비싸게 매수하는 것을 피해야 함에도 불구하고, 대부분의 투자자들이 대개 어떤 업종이나 종목에 보이는 관심은 해당 업종이나 종목의 주가가 회복 차원을 넘어서 이제 비싸지기 시작할 때에 커지기 시작하기 때문이다. 그러므로 헐값에 거래될 때에는 우려의 눈으로 바라보거나 아예 바라보지 않게 되고, 이제 비싸지기 시작하면 더 주가가 오르리라(환골탈퇴와 같은 펀더멘털 개선이 주가의 추가상승을 가능케 하리라는) 기대하면서 매수에 가담하게 된다.

마지막으로 제 값이나 그보다 고가에 매도해야 하지만, 그 이하의 가격에 매도하거나 심지어는 매수한 헐값 이하에 매도하는 경우가 매우 빈번하기 때문이다. 왜냐하면 인간이라면 자연스럽게 휩쓸리게 되는 손실회피 감정으로 조금만 이익이 나도(혹시라도 주가가 다시 떨어질까 봐) 이익을 확정하고 싶고, 반대로 손실이 발생할 경우 감정적으로 매도를 못하기 때문이다. 그러다가 매도하지 않으면 더더욱 큰 손실이 발생할 것 같은 두려움에 휩싸인 나머지 군중들이 묻지마(무조건) 투매할 때 거기에 동참하여 매수가 이하의 헐값(매수가도 헐값이지만)에 매도하는 경우도 빈번하다.

위와 같은 실수들, 즉 업종이나 기업에 대해 지금까지의 선입견(금융기관 분석과 언론 등에 의해 군중 투자자들 사이에 형성된)에 눈을 가리거나, 과열되기 시작한 종목에만 관심을 가지는 주식시장의 비합리성에 휩쓸리거나, 매수매도의 과정에 감정적, 무의식적 오류가 개입되거나 하는 실수들을 겪지 않아야 한다.

별도의 지식이나 훈련을 받지 못한 보통 사람이라면 누구나 저지를 수 있고 또 저지를 수밖에 없는 그런 실수들을 피하고 주식시장에서 지속적으로 승리(낮은 리스크와 높은 수익률)하기 위해서는, 군중심리를 이해하는 것은 물론이고 역발상투자를 통해 군중심리를 역이용하며, 행동경제학 측면에서 인간으로서 자연스러운 무의식적 비합리성을 극복해야 한다.

본서는 독자들이 강력하고 완성된 역발상투자 전략과 태도를 갖출 수 있게끔 하기 위해서, 군중심리를 분석 및 설명하고, 이를 역이용하기 위한 역발상투자전략을 기술하며, 마지막으로 스스로의 무의식적 오류를 이해하고 극복하기 위한 행동경제학의 핵심을 정리했다.

1부 주식시장과 군중심리에서는, 주식시장에 낙관론이 강화되면서 점차 급등(심지어는 폭등)하는 과정, 비관론이 강화되면서 점차 급락(심지어는 폭락)하는 과정 등을 정리했다. 또한 그 강화현상의 원인이 되는 군중심리의 특징과 반복성, 군중심리에 휩쓸린 개인의 특징 등을 자세히 설명하면서, 나아가서 군중심리를 역이용한 역발상투자를 소개하고 그 강점을 정리했다.

2부 역발상 투자전략에서는, 변동성이 심해질수록 오히려 수익을 내는 역발상투자의 사고태도, 사실에 바탕하여 펀더멘털(장기 평균) 대비 저평가된(단기 급락) 종목에 투자하는 역발상 투자원칙, 가치투자와 역발상투자의 시너지 전략 등은 물론, 역발상투자의 매수매도 전략(가치지표와 극단적 심리)을 구체적으로 정리했다. 또한 역발상전략을 성공적으로 실행하기 위해 기본적인 분산투자전략, 기업의 펀더멘털 요소 등도 간단히 정리했다.

3부 행동경제학에서는 행동경제학(행동재무론 포함) 이론의 개요와 휴리스틱, 가치이론(전망이론) 등 핵심 개념들을 정리하고, 투자자를 위해 구체적인 행동경제학 세부이론들을 설명했다. 투자자들은 자기과신과 사후예측, 주관적 확률판단, 최근성 편견과 평균회귀, 심적회계와 기준점, 손실회피, 인지부조화, 보유효과, 근본적인 근시안적 리스크와 수익률, 후회기피 등 다양한 세부이론들을 접함으로써, 보통의 인간이 감정적으로 무의식적으로 어떤 비합리적인 판단을 하는지 보다 상세하게 이해하게 될 것이다.

주식시장이 급등이나 급락의 과정 중에 있어서 열기나 두려움으로 혼란스럽거나, 그와는 반대로 일정한 방향의 과잉 추세가 없어서(추세의 부재) 주가의 미래에 대해 도저히 알 길이 없어 보이거나 할 때, 대부분의 투자자들은 예언가의 말을 기다린다. 신의 말을 대리해주는 신관의 말처럼, 금융전문가들과 언론의 각종 거시경제, 주가 관련 미래진단(예언)에 귀를 기울이는 것이다. 남들이 모두 듣고 받아들이는 것을 자신도 받아들임으로써 군중의 일부가 된 대가는 두 가지이다. 한 가지는 편안하게 안심한 마음이며, 나머지는 상당한 손실이다.

마음이 편해지려면 입이 심심할 때마다 입에 부드러운 간식을 먹어야 하고, 행복감을 느끼려면 좋아하는 사람들과 놀고 싶을 때마다 다양하고 지루하지 않은 방식으로 놀아야 한다.

하지만 투자에 성공하기 위해서는 때로 지금 돈을 쓰고 만족감을 극대화하고 싶더라도 나중을 위해 일정 부분 참아야할 때가 있으며, 마음에 드는 기업, 자신이 반한 브랜드를 가진 기업보다도 기대수익률이 높은 종목에 투자해야 하는 것이다.

즉, 투자에 성공하기 위해서는 안타깝게도 우리 인간의 본능과 때로 대립하기도 해야 하는 것이다. 자연스럽게 군중심리에 휩쓸리는 보통 인간들의 성향에서 벗어나서, 군중심리를 객관적으로 바라보아야 하며, 오히려 군중심리를 역이용해서(이때 본능에 충실한 투자자는 손실 확대) 투자해야 한다. 또한 인간의 무의식적인 비합리성을 간파하고 스스로 그러한 오류들에 빠지지 않아야 한다.

「대한민국 주식투자 거시경제 가치투자 전략」, 「대한민국 주식투자 계량가치투자 포트폴리오」, 「대한민국 주식투자 글로벌 가치투자 거장 분석」, 「대한민국 주식투자 재무제표 · 재무비율 · 투자공식」, 「대한민국 주식투자 실전MBA핵심」, 「대한민국 주식투자 산업 · 업종분석」, 「대한민국 주식투자 완벽가이드」, 「대한민국 주식투자 저평가우량주」, 「대한민국 주식투자 다이어리」 등 본서 이전에 저술, 출간된 《대한민국 주식투자 성공시리즈》와 마찬가지로 본서 역시 주식투자자, 가치투자자들이 필수적으로 알아야 하고 오래도록 활용할 수 있는 실전투자지식 및 지혜를 성공적으로 전달하고자 하는 목적으로 저술했다.

  모쪼록 본서의 독자가 군중심리를 이해하고, 오히려 군중심리를 이용하여 역발상투자전략을 펼치고, 행동경제학의 핵심을 이해함으로써 스스로 인간적인 비합리성들을 극복할 수 있기를 바란다.

  나아가서 보수적인 태도와 충분한 투자지식, 합리적인 투자태도로, 독자들께서 드넓은 주식시장에서 부의 확대와 꿈의 실현은 물론, 건강하고 만족스러운 인생을 얻을 것을 진심으로 응원한다.

KISVE(한국주식가치평가원) 대표이사

류종현

목차

1부. 주식시장과 군중심리

1장. 주식시장 폭등폭락과 비이성
1. 주식시장의 폭등과 폭락 사례 19
2. 낙관론과 비관론의 강화, 상승세와 하락세 27

2장. 주식시장 폭등락의 원인과 대응
1. 주식시장 폭등락의 원인, 군중심리 35
2. 군중심리 대응 역발상투자 48

3장. 군중심리
1. 군중의 정의와 군중심리의 반복 57
2. 군중심리의 발생과정 61
3. 군중심리의 특징-군중과 개인 67

4장. 역발상투자의 필요성
1. 군중심리와 역발상투자의 효과 75
2. 역발상투자의 필요성, 강점 88

2부. 역발상 투자전략

1장. 역발상투자의 특징
1. 역발상투자의 사고 103
2. 변동성과 공포는 역발상적 수익기회 110
3. 단기 변동과 장기 평균, 저평가 소외주의 부활 120
4. 심층 검토한 선행적 투자 129

2장. 가치투자와 역발상투자의 전제
1. 가치투자와 역발상투자 139
2. 역발상 투자의 전제 150
3. 역발상 가치투자의 태도 156

3장. 역발상투자 전략전술
1. 역발상투자 매수전략 개요 163
2. 역발상투자와 기본적 가치지표 169
3. 수익성, 성장성 대비 역발상 가치기준들 181
4. 역발상투자 매도전략 개요 188

4장. 분산투자전략과 기업의 펀더멘털
1. 분산투자전략 193
2. 기업의 펀더멘털 204

3부. 행동경제학

1장. 행동경제학의 특징과 전제
1. 행동경제학의 등장, 특징 215
2. 행동경제학의 전제, 제한된 합리성 221

2장. 휴리스틱과 가치이론
1. 휴리스틱 223
2. 가치이론(전망이론) 228

3장. 투자를 위한 행동경제학 이론
1. 자기과신과 사후예측 237
2. 주관적 확률 판단 243
3. 최근성 편견과 평균회귀 246
4. 심적회계와 기준점, 손실회피 251
5. 인지부조화 259
6. 보유효과, 매몰비용 효과 262
7. 근본적, 근시안적 리스크와 수익률 266
8. 후회기피와 군중심리 269

4장. 행동경제학적 조언
1. 주식시장에서 무너지는 인간심리 275
2. 마지막 조언 286

4부. 부록 – 가치투자체계 육성시스템

1. 재무손익, 기타 투자용어 정리 290
2. 주식투자 체계(격자구조) 및 정통가치투자 공부 296
3. 실전가치투자 특강 수강증 319

1부. 주식시장과 군중심리

1장. 주식시장 폭등폭락과 비이성

2장. 주식시장 폭등락의 원인과 대응

3장. 군중심리

4장. 역발상투자의 필요성

1장. 주식시장 폭등폭락과 비이성

1. 주식시장의 폭등과 폭락 사례

주식시장에 투자하는 방법을 제대로 공부하지 않은 수많은 사람들, 말하자면 기업을 분석하는 법, 기업의 가치를 평가하는 법, 거시경제와 주식시장의 등락을 이해하고 저가에 매수 고가에 매도하는 법 그리고 주식 외 몇 가지 자산을 더불어 분산투자하는 법을 배우지(또는 읽고 익히지) 않은 수많은 사람들에게는 주식시장이 변동성도 심하고 위험하고 무서워 보인다.

혹은 운이 좋아야 큰 돈을 벌 수 있는 것처럼(사실 작은 돈, 짧은 기간은 몰라도 큰 돈, 긴 기간은 무조건 지식의 결과이지만) 오해하기도 한다.

실제로 코스피와 코스닥 등 시장 차트의 연도별 수익률만으로 주식시장을 살펴본다면, 수학적 공식이나 자연의 사계절처럼 매년 딱 딱 맞아떨어지지 않음을 느낄 수 있다. 특히 단기간에 걸친 차트를 살펴보면 더욱 그렇게 받아들일 수 있다.

하지만 그것은 대체로 오해이고 일부만 맞는 이야기이다. 주식시장은 분명히 내일모레, 한 달 후, 일 년 후 주가가 어떻게 될지 모르는 곳이다. 그러나 4년 후, 심지어는 10년 후는 어떨까? 4년 후 주가나 10년 후 주가가 지금보다 올랐을지 내렸을지 판단하는 것이 불가능한(어떻게 될지 모르는) 것일까?

결론부터 말하면 전혀 그렇지 않다. 경제 전체가 발전하는 한, 경제성장의 과실을 누리는 기업들의 시가총액 전체인 종합주가지수는 장기적으로 상승한다. 다만 경제의 성장속도나 기업의 가치(이익창출력) 상승속도에 비해서 단기적으로 주식시장은 더 빨리 상승하기도 하고, 더 빨리 상승한 만큼이나(적정한 선으로 돌아가기 위해서) 하락하기도 한다. 장기적인 경제성장속도와 기업가치상승률에 비해서 주식시장이 상승하고 하락하는 정도가 빠르거나 큰 경우를 시장의 급등락, 폭등과 폭락으로 부른다.

문제는 역사적으로 항상 대부분의 개인투자자, 아마추어 투자자들이 주식시장이 폭등과 폭락의 모습을 보일 때 커다란 손실을 본다는 것이다.

「대한민국 주식투자 계량가치투자 포트폴리오」에서 자세히 설명한 주식 폭등과 폭락 사례 몇 가지를 이어서 간단히 정리한다.

■ 네덜란드 튤립 투기

　우선 부동산이 되었든 주식이 되었든 투자에 관심이 있는 독자라면 한 번 쯤 들어보았을 네덜란드의 튤립 투기를 들 수 있다. 한 송이 꽃에 불과한 튤립이 불러온 투기열풍과 시장급락은 그 후유증이 대단했다. 그 시장열풍은 리먼 브러더스 파산 사태가 터지기 전 2007년도의 글로벌 주식시장과는(한국과 미국 주식시장은 물론) 비교할 수 없을 정도로 심했다.

　어느 정도로 심했는지 직감적으로 이해하려면 희소한 튤립 뿌리 하나가 집 한 채 값에 이를 때까지 투기의 풍선이 부풀어 올랐다는 것을 상상해보면 된다. 튤립 한 뿌리가 집 한 채, 근본적으로 말도 안 되는 상황이 일시적으로 말이 되는 듯이 여겨지는 상황이 발생한 것이다. 상품의 가치를 떠나서 상품가격이 상승한다는 기대감만으로 상품의 가격이 끝까지 부풀어 오를 수 있는 것이 바로 군중심리의 효과이고(이 책의 주제 중 하나이다) 바로 시장 폭등락이며, 수많은 사람들의 손실을 낳는 위험구간인 것이다.

　튤립의 투기열풍은 귀족들과 부르주아 계층이 먼저 선도했으나 가장 꼭짓점에 이르러 크게 가담한(쉬운 말로 고가에 물렸다고 표현할 수 있다) 것은 돈도 없고 지위도 없는 평민들이었다. 일반적으로 서민들이 생각하는 부자의 정의는 '남들보다 잘 사는 사람들'(더 정교하고 멋들어진 표현들이 있을 수 있겠지만 어쨌든 비교심리에 기반한 것임에는 분명하다)이라는 개념을 포함한다.

그렇다면 수적으로 경제주체들의 대부분을 차지하는 서민들이 부자가 되는 것이 과연 가능한 것일까. 아쉽지만 서민들 전체가 부자가 되는 것은 가능하지 않다. 왜냐하면 경제주체들 대부분의 경제력이 올라간다는 이야기는 전반적인 물가가 정확히 그만큼 올라간다는 이야기이고, 늘어난 경제력으로 구매할 수 있는 제품과 상품, 서비스와 각종 부동산, 귀금속 등의 양과 질이 (경제력이 늘어나기 전과 비교해서) 그대로라는 것을 말하기 때문이다. 결론적으로 부라는 것은 항상 상대적인 것이며(물가 대비, 전체 경제주체들의 평균 대비) 그러므로 모두가 부자가 되는 것은 개념부터 틀린 말이 된다.

17세기 네덜란드의 튤립열풍이 본격적인 거품궤도에 들어선 후 거품이 터지기 전까지 마지막 과열구간에서 대거 진입한 경제주체들은 아쉽게도 '나 같은 사람도 부자가 될 수 있다. 평범한 옆 집 이웃마저 큰 돈을 벌었다고 들었으니' 라며 뛰어든 대부분의 서민이었다.

■ 주식시장의 폭등과 폭락

주식시장은 수백 년 동안 폭등과 폭락을 거듭했다. 수많은 국가별로 오랜 기간에 걸친 주식시장의 폭등과 폭락은 마치 현명하지 못한 방법으로 다이어트를 하면서 몸무게가 급속히 빠지고 이후 다시 폭식과 요요현상으로 몸무게가 원상복귀되는 것처럼, 흔하고 자연스러운 일이었다.

그 중에서 1920년대 후반의 미국 증시 활황과 폭락 이후 이어진 세계 경제공황 사태, 2007년에서 2008년에 걸친 서브프라임 모기지 사태와 리먼 브러더스 파산에서 이어진 글로벌 금융위기 등은 소설이나 영화의 주제로도 다루어진 적이 있다.

1920년대의 미국은 점차 높은 경제적 생산성에 힘입어 주식시장이 최고 호황기를 맞이하고 있었다. 신용구매의 확대로 산업의 생산과 소비가 끊임없이 상호영향을 주면서 증가했고, 경기의 과열과 주식의 상승세는 지속되었다. 월가에서 투자전문가가 되기만 하면 큰돈을 번다는 소문에 야망에 찬 젊은이들이 월가로 몰려들었고, 회사의 수익성과는 상관없이 주가가 계속 오르는 등 미국 전체가 점차 주식에 대해 열광에 빠졌다.

앞서 말했듯이, 경제계층 전체가 주식에 대해 열광하는 순간, 이미 수익을 낼 수 있는 게임은 끝났다고 보면 된다. 이른바 장기적인 관점을 가진 가치투자자들이(가치에 비해서 비싼 값을 치르지 않는 합리적인 투자주체 정도로 이해하자) 모두 빠지고, 주식을 사는 것과 돈을 버는 것을 동일시하는 가장 아마추어, 가장 지식 없이 쌈짓돈만 챙겨 오는 대중들이 모두 시장에 몰려들 때, 이제 시장의 상승동력은 완전히 소진된 것이기 때문이다.

1929년 10월부터 엄청난 주가 대폭락이 왔으며 향후 10년에 걸친 대공황이 발생했다.

한편, 2008년의 글로벌 금융위기는 부동산에서 비롯되었다. 2003년 이후 그린스펀이 미국의 기준금리를 1% 정도로 낮춤으로써 (한 사람의 금융투자자로서 우리나라 역시 이런 결정, 이런 일을 겪지 않기 바란다) 상승하기 시작한 주택가격이, 비우량 주택담보대출(저소득층에게 높은 부채비율로 대출)에 이르러서 보다 본격적으로 상승하게 되었다. 점차 대중들은 주택 단기매매로(실수요자와는 거리가 멀다) 돈을 벌고자 하고, 금융기관에서는 서브프라임 모기지대출을 파생상품 채권으로까지 만들어서 전 세계에(거품을 사이좋게 나누어 가지게 된 셈이다) 판매했다.

이후 주택가격의 비정상적인 폭등과 경기과열에 이어 기준금리가 정상화되면서, 당연하게도 주택시장의 거품은 붕괴되었다. 미국 유수의 투자은행들이 파산하면서 이후 글로벌 금융위기의 단초를 열게 되었다.

튤립이 되었든 주식이 되었든 시장의 폭등에는 공통점이 있는데 바로 시장의 고평가, 과열이다. 가치와 비교해서 합리적인 가격에 투자하는 것이 아니라 아무리 비쌀지라도 가격이 상승세에 있다면 그 흐름을 타고 수익을 내고자 하는 것이(가치평가론에 입각해서 말하면 고평가 상태이지만) 투자심리 관점에서 말하면 과열인 것이다.

2. 낙관론과 비관론의 강화, 상승세와 하락세

주식시장 폭등이란 낙관론의 강화 과정이고, 폭락이란 비관론의 강화 과정이다. 낙관론이 강화될 때의 상황과 비관론이 강화될 때의 상황은 어떨까.

낙관론의 강화

주식시장이 폭락하고 바닥권을 다지는 기간이 끝나면 주식시장이 상승흐름을 시작하게 된다. 이때 주식시장이 바닥권을 벗어나서 상승하는 초기에는 대중(대중은 대부분의 구성원을 말하며, 개인뿐 아니라 증권사 등 기관투자자들도 포함한다) 투자자들이 이러한 상승세를 불신하게 된다. 주식을 팔 만한 사람들은 모두 팔았고 이런 비관적인 감정이 아직 팽배하게 남아있을 때 초기 매수자들에(주식이 가치 대비 너무 싸다고 의식한 가치투자자들) 의해서 주식이 상승하는 것이므로, 대부분의 투자자들은 상승이 지속되리라 확신하지도 기대하지도 않는다.

이윽고 주가가 꽤 지속적으로 상승하면 대중 투자자들은 비로소 얼마간의 기대감을 품고 주식시장에 접근하기 시작한다. 상승세가 커지면 커질수록, 기대감이 커지면 커질수록 소극적이고 두려웠던 대중들이 점차 시장으로 복귀하기 시작한다.

주식의 상승추세가 천정을 향해 다가갈수록 거래량도 늘고 대중 투자자들은 비로소 마음을 놓고 쉽게 돈을 벌 수 있다고 확신하는(대중이 이렇게 생각하는 순간, 주식, 부동산, 프랜차이즈 창업 아이템 등은 모두 거품이 꺼지기 직전이다) 주식시장에 뛰어들게 된다. 일부 가치투자자들과 투자전문가들이 시장과열을 이야기하지만(이들은 벌써 주식을 고가에 판 상태이다) 대중들은 이러한 의견을 무시하며 심지어는 감정적인 적대감을 드러내기도 한다.

(이때, 대중들은 자신의 투자성과가 좋아지기를 기대하면서 투자전망을 밝게 얘기하

는 기사와 잡지, 방송을 선택하여 그 의견들에 심리적으로 의존한다)

주식시장은 어김없이 다시 폭락하게 되고, 이때 가장 큰 손실을 보는 주체는 당연히 마지막 상승세의 물결에 위험하게 참여한 가장 대중적이고 서민적인 투자자들이다.

비관론의 강화

한편, 주식시장이 천장을 치고 하락할 때조차 대중 투자자들은 그것을 믿지 않는다. 주식시장은 아직 상승세라고 믿으며 주식시장이 크게 하락할 때마다 손실을 만회하기 위해서 추가로 주식을 매수한다. 하지만 주식시장은 지속적으로 하락하고(주식이건 부동산이건 거품이 낀 만큼 거품을 빼야, 이후 다시 탄탄하게 상승하지 않겠는가) 낙관과 기대감에 젖어 있던 대중 투자자들은 점차 비관적으로 주식을 매도하기 시작한다.

주식시장이 진정으로 바닥권에 도달할 때까지 대중 투자자들은 가속적으로 주식을 투매하며, 대중 투자자들 중 매도할 의도가 있는 (주가하락을 두려워하는) 사람들이 마지막으로 모두 매도했을 때 주식시장이 진짜 바닥을 딛고 일어서는 것이다. 이제 대중 투자자들의 마음에 비관적인 관점이 극에 달했을 때 오히려 주식시장에는 오를 일만 남아 있을 뿐이다.

위와 같이 대중 투자자들의 경우 최근의 상승상황, 하락상황에 집착하여 상승세가 강화될 것을 기대하고 하락세가 강화될 것을 두려워한다. 그러므로 상승장의 끝에서 오히려 매수에 열광하게 되고, 하락장의 끝에서 공포로 주식을 투매하게 되는 것이다. 불에 가까이 다가가서 몸을 태우고 마는 불나방처럼 기업분석과 가치평가, 운용 및 분산투자 전략을 갖지 못한 대중 투자자들은 오르는 주가에 몸을 태우고(하락과 손실을 예약), 내리는 주가에 기회를 잃는(상승을 누리지 못하고 매도) 것이다.

　대중 투자자들이 어리석음에서 벗어나고자 한다면, 투자의 이유에서 두 가지를 완전히 제거해야 한다. 하나는 주변에서 너도나도 돈을 벌었다는 소리를 듣고 자극되어 주식투자를 하는 것이고, 또 하나는 주식시장이 오르고 있으니까 주식에 투자하는 것이다. 두 가지 경우 모두 손실을 모두 끌어안는 마지막 주자가 되어 수익은 과거 남의 것이 되고 손실은 현재 자신의 것이 될 수 있기 때문이다.

대중 vs 역발상 투자자

　투자에 성공하는 사람들은 역발상 투자자들이다. 역발상 투자자들은 대중(타인들)과 의견을 교환하거나 대중의 의견을 따르지 않는다. 상승세와 하락세에서 대중들의 심리에 휩쓸리지 않고, 자신만의 이성과 판단을 바탕으로 투자한다면 역발상 투자자라고 할 수 있다. 또한 매수 포지션에 있는 투자자일지라도 주식시장의 정확한 모습을 파악하기 위해서 매도 전망의 리포트와 자료, 지표까지 모두 참조해야 하고, 매도 포지션에 있는 투자자일지라도 매수 전망의 리포트와 자료, 지표 등을 배제하지 않고, 균형감각을 가져야 한다. 자신의 감정에 편안하게 읽히는(자신의 의견과 일치하는) 자료만 수집하고 참조하는 순간, 바로 대중 투자자가 되어 주식시장에 휩쓸려 투자원금이 사라질 것이기 때문이다.

　본서에서 설명할 역발상 투자의 실행은 단순히 스스로 자신이 독립적인 투자자라고 말만 한다고 이루어지는 것이 아니다. 스스로 대중이 아니며 자신만의 의견을 가진 역발상투자자라고 아무리 목청 높여 선언한다고 할지라도, 자신의 본능적인 심리작용을 여과 없이 따르게 되면 결국 불나방 같은 대중 투자자 중의 한 명이 되고 만다. 인간의 공통된 정신적인 약점들이 무엇인지 파악하고, 이를 줄이거나 없애기 위한 훈련을 거쳐야만 진정한 개인으로서 역발상 투자자가 될 수 있다.

이를 위해서는 군중심리(대중 투자자들의 심리를 이해하기 위해), 행동경제학(자신의 심리적 오류를 극복하기 위해) 등의 핵심적인 개념들을 이해하고, 실제 주식시장에서 투자를 할 때 군중과 자신의 감정적 오류를 극복해야 한다. 역발상 투자를 잘 하기 위한 원칙과 전략을 설명하는 것은 물론, 군중심리와 행동경제학의 핵심을 이해하고 심리적 오류를 피할 수 있도록 설명하는 것, 바로 그것이 본서의 내용이다.

2장. 주식시장 폭등락의 원인과 대응

1. 주식시장 폭등락의 원인, 군중심리

왜 주식시장은 항상 기업가치의 성장률보다 더 빠르게 일어나고 때로는 폭등하며, 그 여파로 인해 때때로 경제후퇴의 정도보다 더 가파르게 하락하며 때로는 폭락하는가. 그것은 주식시장이 군중의 욕망을 대변하며(후술하겠지만 개인의 이성은 군중의 행동에 그다지 반영되지 않음) 군중의 욕망이야말로 냄비근성을 가지고 있기 때문이다.

군중 행동은 지난 역사상 항상 냄비와 같이 빨리 뜨거워지고 빨리 식었다. (본래 동서고금을 떠나서 그러할 진 데, 대한민국 국민들은 자국민의 과거 습성을 비하할 필요가 없다) 놀라운 것은 군중 행동의 특징이 과거 현재를 막론하고 항상 똑같으며, 어떻게 진행될지 예상하는 것이 어렵지 않다는 점이다.

군중들은 어떤 투자부문(주식이나 부동산, 금)이나 투자아이템(주식의 종목)에 대해서 열광하기 시작하면 비교적 단기간에 몇 배의 가격을 주고서라도 경쟁적으로 매입하기 시작하며, 한 번 외면하고 두려워하기 시작하면 몇 분의 일 토막으로 하락한 가격에도 헐값에 내던진다.

■ 군중 의견의 형성 과정

그러면 군중의 의견은(정확히 말하면 이성적이고 독립적인 성격이 배제된 의존적이고 감정적인 의견) 대략 어떻게 형성될까. 군중의 의견은 믿을 수 없는 거짓을 퍼뜨리고 다니는 사기꾼들에 의해서 널리 퍼지는 것이기 때문에 냄비근성을 갖고 있고 감정적이며 몰이성적인 성격을 띠는 것일까.

그렇지는 않다.
"군중의 의견은 최소한 겉으로는(겉으로만 그렇다) 믿을 만한 것처럼 착각되는 뉴스와 언론기사, 칼럼과 심지어는 일부 책(타이밍이 기가 막힌, 관심끌기용 예언가적 책을 말함)으로부터 크게 영향을 받기 시작한다." 즉, 스스로 마구잡이로 상상한 것이 아니라 일단은 공신력이 있다고 스스로 포장을 한 그럴듯한 매체들의 융단폭격에 의해 전체적인 선입견이 형성되는 것이다.

투자의 세상에서 군중의 견해는(사실 견해라기보다는 의존적으로 받아들이는 수준이지만) 경제기사와 칼럼 등 일종의 리더십을 따르는 경향이 있다. 또한 가장 많이 홍보되고 많이 읽히는 경제기사와 칼럼 등은(마치 각국의 드라마 수준이, 시청률이 잘 나올만한 국민 평균적인 수준에서 결정되듯이) 항상 당시의 대세적인 관점, 예언가들과 군중의 대다수가 동의하는 관점에서 작성되고 읽히는 경우가 많기 때문에, 리더십은 군중의 입맛에 맞는 말을 해대고 군중은 리더십에 쉽게 동조된다.

다만 군중의 견해는 하루아침에 형성되고 강화되는 것은 아니며, 각종 정치적 홍보, 경제적 선전 등에 의해서 점차 세뇌되고 형성되는 것이다. 애초에 어렵거나 복잡한 상황, 사건들에 대해서 독립적이고 논리적인 의견을 지닌 사람들의 비율은 전체 중에서 얼마 되지 않기 때문에, 대부분은 1차적으로 공식적인 리더십을 가진 매체들로부터 큰 영향을 받고 2차적으로 신빙성이 약한 정보지, 소문 등에 의해 영향을 받는다.

■ 군중의 과잉 반응

 이러한 과정을 거쳐서 주식시장의 투자자들 대부분은 과잉반응하게 된다. 주식시장 내의 개별 종목들을 사례로 들면, 최고의 투자대상은 더욱 좋게 전망하여 적정한 수준보다 과다한 프리미엄을 지불하고도 경쟁적으로 매수하게 되고, 최악의 투자대상은 더욱 과소평가하여 적정한 수준보다 과다한 할인율을 지불하고도 우려와 불안으로 매도하게 된다. 하지만 아쉽게도 최고에 대한 과도한('최고'에 비해서도 너무 비싼) 프리미엄과 최악에 대한 과도한('최악'에 비해서도 너무 싼) 할인율은 오래 가지 못한다. 그것은 최고 종목과 최악 종목에 그 원인이 있는 것이 아니라 대부분 투자자들의 과잉반응에 원인이 있다.

 최고 주식에 과잉 반응하여 너무 높은 주가로 올려버렸기 때문에 최고 주식에 조금이라도 실적에 흠이 생기면(예상 이익 성장률보다 겨우 몇 퍼센트 낮은 이익 성장률 실적이라도 나오면) 커다란 기대 대비 실망감이 큰 나머지 주가는 크게 하락하며 프리미엄이 확 줄어들게 된다. 반대로 최악 주식에 과잉 반응하여 너무 낮은 주가로 내려버렸기 때문에 최악 주식에 조금이라도 실적 반전이 생기면(예상 실적보다 높은 실적이 나오면) 아무 것도 기대하지 않았던 기업에 대해 발생하는 놀라움이 큰 나머지 주가는 크게 상승하며 할인율이 어느 정도 줄어들게 된다.

 왜 주식시장에서 어떤 종목이 좋다고 하는 의견이나 어떤 종목이 나쁘다고 하는 의견들은 적정선에서(대략 좋고 나쁜 정도까지의 선) 지켜지지 못하고 과잉으로(최고보다 더욱 고가, 최악보다 더욱 저가) 치닫는 것일까? 왜냐하면 지식이나 경험이 부족한 대부분의 투자자들이 보다 구체적으로 알려주는 믿음직스러운 언론과 금융기관의 견해에 귀 기울이면서 점차 자신감과 감정을 강화해나가기 때문이다.

투자자들은 원인결과의 요소를 찾아 스스로 중립적으로 생각하려 하지 않고(이를 피곤하고 어렵게 생각하기 때문이다), 구체적으로 알려주는 더 많은 정보와 믿을만한 의견들을 찾고, 자신의 주관적 이해관계와 감정이 선호하는 정보와 의견들에 점차 끌리기 시작하며, 그것을 주변인들과 서로 나누며 공감대를 키우고(공감대야말로 소문과 군중심리의 근원지이다), 결국 집단적 의견에 휩쓸리게 되고 군중의 일원이 되는 것이다.

특히 투자의 지식이나 경험이 부족할수록 더더욱 감정적으로(이성적으로가 아니라) 강한 확신이 필요해지며, 이는 시장이 상승하면 상승할수록 더 많은 초보투자자들이 상승을 확신하며 몰리는 상승장과 시장이 하락하면 하락할수록 더 많은 초보투자자들이 하락을 확신하며 빠져나가는 하락장을 잘 설명해준다.

이와 같이 주식시장의 폭등과 폭락이(그보다 정도는 낮지만, 급등과 급락도 마찬가지) 일어나는 주요 원인으로 군중심리가 있으며, 군중심리는 감정과 인간적 약점에 지배당하기 때문에 믿을 만하지 않고 위험하다.

군중은 이성이 아니라 감정적인 과정을 거쳐 형성되며, 한 명 한 명의 투자자가 서로 조금씩 다른 감정적 견해를(감정이 이성과 의사결정 과정을 지배했을 경우의 견해) 가지고 있다고 할지라도 결국에는 군중 내부적으로 의견교환과 동조화를 거쳐서 유사한 견해를 공유하게 된다. 많은 사람들이 돈을 버는 데 대한 질투와 욕망에서(객관적으로 스스로 할 수 있다는 판단에서 비롯하지 않고) 비롯한 늦은 시장 동참, 많은 사람들이 돈을 잃으면서 탈출하는 데에서 오는 두려움과 극도의 불확실성에서(주가가 싸다고 분석한 결과에서 비롯하지 않고) 비롯한 늦은 시장 탈출은 군중심리에 휩쓸린 투자자들이 왜 고가에 매수하고 저가에 매도하는지를 잘 이해할 수 있게 해준다.

군중이 독자적이고 옳은 의견을 가질 때는 거의 없지만(겉으로 수익을 내고 있는 시기에도 의존적인 의견에 의한 수익일 뿐이다), 특히 완전히 틀린 의견을 가질 때가 있는데 위에서 언급한 고가매수 저가매수의 극단적 시기이다. 군중이 '이제 투자해야 할 때이다'라고 절대적으로 확신할 때는 항상 상승추세의 막바지이고(그 정도가 되어야 강화되고 있는 자신감에 극에 달한다), '이제 포기하고 매도할 수밖에 없다'라고 무조건적으로 탈출할 때는 항상 하락추세의 막바지이기(남들이 포기하는 것을 보고서야 힘겹게 포기하므로) 때문이다.

주식시장에서 군중심리에 휩쓸려서 손실을 보지 않고 오히려 시장평균보다 압도적으로 초과수익률을 내기 위해서는, 군중의 심리와 개인의 심리적 오류를 잘 알고 스스로 거기에 빠지지 않고 오히려 역이용해야 한다.

수가 많은 집단이 되었든 스스로 신뢰하는 언론기사와 경제전문가 집단이 되었든, 집단과 함께 있고 집단과 의견을 같이 함으로써 그 상황을 합리화하고, 자기방어적으로 그렇지 않다고(군중 속에 있음에도 그것을 부정) 부정하는 것이 아주 평범한 사람(평균 이하가 아니라, 평균적인 사람)의 본능이기 때문에, 역발상 투자자의 견해는 군중들의 반발을 산다. 외부와의 의견을 단절한다고 할지라도 자신의 군중적 감정 동요, 인간적인 심리 약점 등을 인정하고 자신을 객관적으로 보려고 노력하는 것도, 감정적으로 어색한 일이다.

■ 군중형성의 이유(원인)

왜 주식투자에 있어서는 사회적 엘리트, 가방끈이 길다는 사람들도 군중의 일부에 지나지 않는 것일까? 그것은 주식투자를 하기 위한 기반지식이 갖추어지지 않았을 경우 주식시장과 주식투자에 대해서 최대 수준의 복잡성과 애매함을 느끼기 때문이다. 평범한 아이큐에 명문대를 나오지 못한 학력의 보통 중소기업 직장인들이나 영세한 자영업자들도 기업의 사업구조 분석, 재무손익비율 분석, 가치평가 방법론과 역발상 분산투자전략 등을 배우거나 익힐 경우 얼마든지 주식시장에서 지속적인 수익을 낼 수 있다. 하지만 아무리 똑똑한 사람이라고 해도 주식투자의 체계를 익히지 못하고 투자할 경우 그야말로 막막하기 때문이다. 모르면 모를수록 주식시장은 장기적인 법칙도 없고 주식시장을 대하는 성공적인 전략도 있을 수 없어 보이고, 단지 운이 좌우하는 세계, 고급정보로 돈을 벌 수 있는 꾼들의 도박판 정도로 보이는 것이다. (사실 전혀 그렇지 않다. 모르는 사람, 부정하고 싶은 사람들에게만 그렇게 보인다)

어쨌든 주식시장의 원리와 그에 대응하는 전략 체계를 알지 못하면, 주식시장과 주식투자는 모두 매우 애매하고 복잡한 영역으로 보인다. 그럴 경우 대부분의 사람들은(학력과 재력에 무관하게) 보다 더 공신력 있는 기관과 언론의 의견에 의지하려는 경향이 있다. 스스로 확신할 수 없으니 믿고 따라갈 만한 대상이나 정보를 찾아 헤매는 것이다. 의사결정의 결과가 가장 위태로운 경우는 바로 의사결정의 근거와 과정이 타인(혹은 타 기관)에 의지할 때인데, 자기의 생각이 애초에 없거나 자기의 주관적 가정(혹은 부정확한 가정)을 뒷받침해줄 다른 의견과 견해를 찾아 나설 때가 가장 위험한 것이다.

주식시장에서 이런 특성을 보이는 사람들이 비율상으로 가장 많기 때문에 주식시장 전체의 움직임과 특정 종목의 움직임이 모두 강화과정(낙관의 강화, 비관의 강화)을 거치는 것이다. 점점 많은 사람들이 동조하는 투자포지션(매도 우위, 매수 우위)에 가속적으로 더 많은 사람들이 몰리는 현상이 발생한다. 그 결과 가장 투자지식이 풍부하고 자금도 있는 투자주체들이 주식시장이 바닥권 전후에 있을 때 매입을 시작해서 주식시장이 막 오르기 시작하면, 이윽고 투자지식은 다소 부족할지라도 자금력이 풍부한 투자주체들이 조금 늦게 시장에 진입해서 추가적인 수익만큼은 가져가고, 마지막으로 투자지식도 없고 자금력도 없는 군중투자자(대중적인 투자자)들이 부채를 빌려서라도 상승하는 주식시장에 열광적으로 참여하게(이때 투자지식이 풍부한 가치투자자들과 매수매도의 손바뀜이 마무리된다) 되는 것이다. 그러면 주식시장은 마지막 불꽃을 태우며 상승한 후 곧바로 하락을 시작하게 되고 군중 투자자들은 손실을 입게 된다.

투자관련 각종 리포트를 작성하는 애널리스트와 큰 자금을 운용하는 펀드매니저조차도 대부분 군중의 의견에서 동떨어질 수 없다. 금융지식이 애널리스트나 펀드매니저와는 비교할 수 없이 부족한 개인 가치투자자들도 군중심리에 휘말리지 않고 성공적으로 수익을 창출하는데 비해서, 애널리스트들마저(그렇지 않은 소수 분석가들도 있다) 군중심리에 휩쓸리는 데는 인간의 심리적인 원인만이 아니라 시스템적인 원인도 한 몫을 한다. 다른 전문가들과 함께 판단이 틀렸을 경우는 비교적 업계 내에서 용서받을 수 있지만, 다른 전문가들과 다른 의견을 고수하다가 홀로 틀리게 되면 업계에서 신뢰를 잃고 비난을 받으며 심지어는 직장을 잃을 수도 있다. 또한 장기적으로 맞는 판단을 하더라도 단기적으로 경쟁 금융기관 대비 고객수나 수수료수익이 감소하는 것을 견디는 것은 직업적인 투자전문가에게 매우 어려운 일이다. 특정 기업의 주가에 대해서 부정적인 리포트를 쓴 전문가의 경우 이후 해당 기업의 방문과 탐방 등에 어려움도 있을 수 있다.

그러므로 국가를 막론하고 자본주의 경제체제에서는 투자기관 임직원의 의견은 대체로 낙관적일 수밖에 없고, 낙관적인 시장상황과 낙관적인 금융기관 분석보고서는 군중심리에 불을 끼얹어 시장 과열을 일으키는 것이다.

■ 군중의 구성

 마지막으로 한 가지 짚고 넘어가야 할 일이 있는데, 독립적이고 논리적인 의견을 지닌 사람들을 제외한 진정한 군중의 구성에 대해서이다. 자신이 군중에 포함되느냐 포함되지 않느냐는 아이큐가 결정하지도 않고, 학력이나 사회적 지위가 결정하지도 않는다. 평소에 얼마나 말을 잘하고 지적인가, 혹은 글을 많이 읽거나 조리있게 쓰는가 하는 것도 별로 중요하지 않다.
 대중적인 의견에 휩쓸리게 되느냐 그렇지 않느냐의 여부를 판단하는 기준은 어렵고 복잡한 상황에 대해서 판단할 때 감정적인 요소의 영향을 많이 받느냐, 그것들을 어느 정도 원천봉쇄하느냐에 달려 있다. 그러므로 군중에는 실업자, 근로자, 가정주부는 물론, 사업가, 경제학자, 대학교수 등 다양한 계층의 사람들이 포함된다. 그뿐이 아니다. 투자기관의 임직원이라 할지라도 군중의 울타리에서 벗어난 사람들의 비율이 낮다. (놀랐는가? 투자의 세계에서는 경제학자와 대학교수, 투자기관 임직원 중 다수도 군중에 불과하다)

 그러면 이런 사람들도 군중에 포함되는 이상, 우리는 군중에서 벗어나기를 포기하고 주식시장에서 그저 손실을 볼 수밖에 없는 것인가? 그렇지 않다. 필자 역시 결코 대단한 사람이 아니고 보통 사람에 불과하지만, 가치투자를 하기 때문에 기본적으로 역발상적 사고와 균형적 사고(리스크와 수익률을 항상 비교하는)를 가지고 있고, 감사하게도 나 스스로의 감정적 약점에서 어느 정도 벗어나 있다. 독자들 역시 군중이 어떤 감정적 오류가 있고, 인간 개개인이 어떤 심리적 착각에 빠질 수 있는지 이해함으로써 군중에서 벗어날 수 있다.

그렇다. 군중에서 벗어나서 독립적이고 논리적인 판단을 내리기 위해서 필요한 과정은 대단하거나 많은 학위가 필요하거나 많은 돈이 필요한 것이 아니다. 군중과 개인의 심리적 약점을 파악하고, 스스로 거기에 휘말리지 않도록 하고, 나아가서 그것들을 역이용하기만 하면 되는 것이다. 군중과 결별하고 사실에 기반한 자신의 의견을 갖는 것, 그것이 바로 역발상 투자의 시작점이다.

2. 군중심리 대응 역발상투자

　군중심리와 역발상투자, 행동경제학이라는 큰 테마를 본격적으로 다루기 전에 우선 군중심리에 대응하는 역발상투자에 대해서 간단히 살펴보자.

모두 부자가 되려는 환상

2부에서 구체적인 역발상 투자전략을 본격적으로 다루겠지만 우선 여기서는 역발상에 대한 감을 잡아보자. 왜 다수가 발상하는 방향과 달리 역발상을 해야 하고, 그 과실은 무엇인가. 역발상의 과실은 대중적인 투자자들의 수익률은 물론이고 시장평균수익률을 훨씬 넘는 수익률이다. 그러면 왜 다수가 발상하는 방향과 달리 역발상을 해야만 더 높은 수익률을 누릴 수 있는가. 역으로 말을 바꾸어서 '왜 다수가 발상하는 방향대로 발상하면 높은 수익률은커녕 손실을 입게 되는가?'라고 묻는다면 좋은 질문이 될 수 있다.

답은 간단하다.
모두가 부자가 될 수는 없기 때문이다.
이것은 도덕적 명제가 아니고(도덕적으로야 모두가 부자가 되는 세상이 왜 나쁘겠는가) 자연과 인간문명, 그 외의 어떤 외계문명이 되었든 간에 모든 세상 시스템의 본질이다. 지구는 왜 태양에 큰 영향을 미치지 못하고 태양이 주는 에너지의 극히 일부를 얻어먹어야만 하는가. 왜 토끼는 여우를 이기지 못하고 여우는 사자를 이기지 못하는가. 여우가 불쌍해서 사자 개체수를 줄이면 여우는 토끼의 씨를 말리고, 토끼가 불쌍해서 여우의 개체수를 줄이면 토끼는 토끼가 먹을 수 있는 풀 종류의 씨를 말린다.

인간 문명에서도 왜 더 열심히 공부한 사람이 평균적으로 더 좋은 직장에 취직하는가. 왜 더 열심히 자기계발, 사업전략에 매진한 사람이 평균적으로 더 많은 돈을 버는가. 모든 직장의 조건을 평준화하면 학생은 노력을 덜하게 되고 기업의 인력은 열악해진다. 평균을 중심으로 평균보다 더 벌면 정확히 더 번만큼 세금을 걷고 덜 벌면 정확히 덜 번만큼을 세금으로 보전해주면, 아무도 일을 하지 않게 될 것이다.

인간은 본질적으로 평등하다. 하지만 자유시장경제에서는 기회의 평등이 주어지며 결과의 평등을 말하지는 않는다. 이 점에서 실질 상속세율이 낮은 국가가 있다면 기회의 평등을 짓밟는 것이며(높여야 하며), 고소득자에게 지나칠 정도로 과세하는 국가가 있다면 바람직하지 않다고(적정 수준을 유지해야 한다) 할 수 있다.

인간은 본질적으로 평등하지만 재산과 건강, 행복 등 모든 측면의 결과에서 평등하지는 않다. 파레토의 법칙이라는 경영경제학적 개념이 있다. 쉽게 말해서 상위 20%의 직원이 기업실적의 80%를 창출하고, 상위 20%의 소비자와 부자가 전체 사회 80% 정도의 소비와 부를 차지하는 등 특정 기준의 상위 주체들이 전체에서 큰 비중을 차지하는 것을 말한다.

인구의 100%가 단기간에 정확히 재산이 두 배가 되고 소득이 두 배가 되면, 모든 물가와 자산의 가격도 정확히 두 배가 되어야 한다. 이론적으로는 단기적으로 바로 딱 두 배가 되어야 하지만, 실질적으로는 장기적으로 대략 두 배로 수렴한다. 어쨌든 두 배로 재산의 금액이 불었지만 결국 소유하거나 소비할 수 있는 상품, 제품, 서비스 및 각종 자산의 크기는 전혀 변동이 없다. 모두 부자가 되었기 때문에 한 명도 부자가 되지 못한 것이다.

모두가 부자가 될 수는 없으며, 부자가 되는 것은 역사상 어떤 시대이건 어떤 국가이건 어떤 상황이건 항상 일부였고 앞으로도 일부일 것이다. 중요한 것은 그 일부가 되기 위해서 무엇을 준비하거나 갖추어야 하는지 깨우치고 실행에 옮긴 사람들만이 군중에서 벗어나서 부자가 될 수 있는 것이다.

역발상 투자를 해야만 하는 이유는 바로, 시장평균보다 높은 수익률을 올리기 위해서는 모두와 똑같이 판단하고 모두와 똑같이 행동하고 모두와 똑같이 느껴서는 곤란하기 때문이다. 바로 이 점, 결과적인 완전평등이 불가능하다는 점이 역발상투자가 존재하고 중요한 전제조건이 된다.

■ 군중과 역발상투자자

이 책의 독자들이 알아야 할 것이 하나 있다면, 투자의 세계에서 군중에 속할 것이냐 군중에서 나온 소수가 될 것이냐는 먼저 정해진 바가 없다는 것이다. 인도의 카스트제도처럼 정해져 있는 것도 아니고 미국의 자본주의처럼 부모에게 큰 부를 물려받았다고 해서 군중에서 나올 수 있는 것도 아니다. (물려받은 부는 스스로 노력하지 않으면 생각보다 빨리 소진된다) 즉, 군중에서 벗어나서 한 사람의 역발상 투자자가 되기 위한 노력을 하는 사람이라면 군중에서 벗어날 수 있다. (투자는 수익률이 핵심이고, 수익률은 지식과 지혜가 좌우한다. 자본금이나 사회적 지위, 비밀정보 따위가 아니다)

그러므로 먼저 무엇이 필요한지 알고 공부하고 익힌 자만이 우선적으로 군중에서 벗어날 수 있는 것이다.

군중은 대체로 이성보다 감정적인 투자의사결정을 내리지만, 특히 주식시장이 고평가된 이후에도 계속 상승할 때와 저평가된 이후에도 계속 하락할 때 군중의 의견이 가장 많이 틀리기 때문에, 추세의 양극단에서 역발상 전략이 빛을 발한다. 역발상 전략은 시장이 반등을 하는 시기를 예측할 수는 없지만(그리고 이것은 그 어떤 누구도 예측할 수 없다) 시장이 너무 두려움에 떨고 있고 과잉반응으로 너무 하락해 있다는 것을 알 수 있다. 역발상 전략은 시장이 하락전환하는 시기를 예측할 수는 없지만 시장이 너무 과열되어 있고 과잉반응으로 너무 상승하고 있다는 것을 알 수 있다.

왜냐하면 과잉반응으로 시장이 한 쪽 극단으로 흘러가고 있을 때에는 정부와 언론, 금융기관과 대중적 투자자들이 모두 한 쪽 방향만을 보고 있고 다른 쪽 방향을 보지 않기 때문이다. 상승일변도에 있을 때 '지금 너무 고평가인데, 언제 하락해도 이상하지 않을 정도인데….'라고 말하는 주체도 적고 그런 의견 자체에 귀를 닫기 때문이며, 하락일변도에 있을 때 '너무 저평가되었기 때문에 이제는 슬슬 분산투자해야 한다.'라고 주장하기에는 큰 용기가 필요하며 그런 의견에 세상이 귀를 열지 않기 때문이다.

그러므로 역발상 투자자가 되기 위해서는 군중과 대중, 즉 세상에 대해서 비순응주의자(반역, 반대를 말하는 것이 아니라, 그냥 있는 그대로를 순진하게 믿고 받아들이지 말고, 꼼꼼히 따져보라는 뜻이다)가 될 필요가 있다. 옳고 그름을 떠나서 전통이 이러니, 국가 정책이 이러니, 시장 상황이 이러니, 팀원들의 감정이 이러니 동조해야 하지 않겠나 하는 것은 다른 사람들과의 대인관계에서나 중요하지 투자에서는 하등 쓸모가 없기 때문이다.

군중은 경기가 나쁠 때에는 잔뜩 움츠려 있으며 불행에 흠뻑 젖어들어 있다. 이때는 아무리 주가의 바닥을 외치고 향후 경기회복 가능성을 외쳐도 남의 집 일이요 공감가지 않는 일이다. 왜냐하면 보통의 대중들은 현재 우세한 상황의 틀에 자신의 의견을 맞추는 것에 익숙하기 때문이다. (그것이 합리적이지 않고 손실을 입혀서 그렇지, 쉽고 편한 길임에는 틀림이 없다) 경기호황에는 정확히 반대의 일이 일어나서 향후 주가가 하락하고 경기개선속도가 느려지거나 경기가 악화될 수 있다는 말을 믿지도 않고, 듣지도(감정적으로 불편하기 때문에) 않는다.

하지만 역발상 투자자(비순응주의자)들은 경기가 실제로 개선되고 있으며 대중들이 경기개선을 점점 더 믿어갈 때는, 경기가 실제로 개선되고 있음을 단순히 '인식'한다. 또한 대중들이 경기호황을 지나치게 점점 더 확신하고 있을 때는, 경기는 매우 좋지만 과열이며 조만간에 꺾일 수 있음을 '인식하거나 조용히 대비'한다. 천장이나 바닥을 몰라도 상관없다. 주가의 큰 상승 다음에는 하락이, 주가의 큰 하락 다음에는 다시 큰 상승이 있다는 것을 역발상 투자자들은 알고 있고, 또한 현재의 시장상황을 판단하는데 있어서 대중의 감정적 휩쓸림에 동조하지 않고 비순응적인 태도로 사실만을 바탕으로 판단하기 때문이다.

인간이라는 종에 대해서 말하자면, 다른 동물들처럼 고독을 참지 못하며 일반적으로 집단적인 칭찬과 비난에 굉장히 민감하며, 리더십을 갖추었다고 스스로 판단하는(실제로 리더십이 있는지 없는지 알 수는 없다. 정재계 인사들의 측근이 아닌 이상 계산 하에 보여지는 겉모습만 보는 것이다) 인물들의 의견에 대해서 놀라울 만큼 수용적이다. 그것이 나쁘다는 말이 아니다. 우주에서 인류는 외로운 존재이다. 인류의 하위 구분인 국가, 민족, 세대나 추종집단, 친구와 친척, 가족이 외로움을 달래줄 수 있을 것이다. 하지만 투자의사결정만큼은 자기 자신의 이성과 지식, 경험에 의해서 내려야 하는 것이며, 결코 여러 사람의 뜻을 취합해서 절충적으로 내려야 하는 것은 아닌 것이다.

다시 정리하면, 투자의 세계에서 돈을 벌어주는 것은 무리짓기도 아니고 감정도 아니며, 이성과 지식, 경험뿐이다.

이제 다음 페이지의 군중심리를 시작으로, 본격적으로 군중심리, 역발상투자, 행동경제학 등을 차례로 설명하고자 한다.

3장. 군중심리

1. 군중의 정의와 군중심리의 반복

　주식시장에 참여하는 대중적 투자자들이 휩쓸리는 군중심리는, 문자 그대로 군중의 심리를 말한다. 본서에서 다루는 군중심리를 설명하려면(설명의 목적을 투자로 하여), 심리적인 관점에서 군중을 이해해야 한다.

■ 군중이란

　개인들은 각자 자신만의 감정적 특징과 나름대로의 지식기반이 있지만, 개인들이 어떤 사안과 상황을 접하는 과정에서(예를 들면 앞으로 주식시장이 오를 것인가 내릴 것인가 고민하는) 자신도 지각하지 못할 정도로 자연스러운 심리적 무리짓기를 통해서 군중을 이루고 난 후에는, 군중 속 개인은 기존의 독립되어 있었던 개인과는 질적으로 달라지게 된다.
　그나마 가지고 있던 이성과 경제성, 합리성마저도 뿌옇게 흐려지고 희미해지는 것이 스스로 휩쓸려 들어간 군중 속 개인의 특징이다. 군중심리는 마치 냄비와도 같이 일시적으로 형성되지만, 군중심리에 대한 지식과 훈련을 통하지 않으면 대중으로서는 빠져나오기가 힘들다.

　이러한 군중심리의 작용으로 주식시장은 주기적으로 낙관성 강화 과정을 거치면서 상승, 급등, 폭등작용이 발생하며, 비관성 강화 과정을 거치면서 하락, 급락, 폭락작용이 발생한다. 애초에 경기축소기에는 다음 확장기를 대비하여 주가가 과도하게 하락하지 않고 선행적으로 투자하고, 경기확장기에는 경기축소기를 대비하여 주가가 과도하게 상승하지 않고 선행적으로 일부를 현금화한다면 어떻게 주식시장이 폭등 폭락할 수 있겠는가. 경제와 경기, 기업실적은 끊임없이 확장축소, 호황불황을 겪는데 이번 확장만은 천장을 뚫을 것 같고 이번 축소만은 지하실도 뚫을 것 같은 군중심리는 항상 과열과 공포의 원인이 된다.

■ 군중심리의 반복

그런데 왜 경제적으로 역사적으로 오래도록 반복되어온 시장의 급등락, 시장의 폭등락의 주요 원인인 군중심리는 반복적으로 발생하는가. 왜 한 번의 교훈을 얻었으면 족하지 또 교훈을 얻어야 하고 그 다음에도 교훈을 얻어야 하는가. 그것은 그러한 군중심리의 결과와 교훈을 기억하지 못하기 때문이다. 주식시장의 거품과 급락(부동산도 마찬가지이다. 참고로 부동산은 가격순환을 넘어선 초장기수익률이 주식보다 훨씬 아래에 있다)의 작은 사건은 몇 년에 한 번, 큰 사건은 십 년에 한 번, 초대형 사건은 한 세대에 한 번 정도 발생해 왔지만, 그것을 기억하지 못하기 때문이다.

몸소 직접 체험해야만 강한 교훈을 얻는 군중의 인간적인 특징은 한 세대가 지나면 초대형 등락사건을 잊게 되고, 십 년이 지나면 큰 등락사건을 잊게 되고, 몇 년이 지나면(대략 3~4년) 작은 등락사건을 잊게 된다. 거꾸로 말하면 잊을 만하면 나타난다고 말하는 편이 더 이해가 쉬울 것 같다.
또한 투자는 수학의 세계가 아니라 현실세계의 문제이기 때문에 등락하는 주기가 연이나 반기, 분기 단위로 미리 정해져 있는 것이 아니다. (여기에서 예측 무용, 역발상 유용의 근거가 나온다)
커다란 주식시장의 폭등과 폭락 사건을 몸으로 익힌 세대는 그 교훈을 기억하지만, 그것을 몸으로 익히지 못하고 글로 읽고 이해한 다음 세대는 그 교훈을 얻을 수 없는 것이다.

그러므로 몇 년에 한 번 있는 주식시장의 일시적인 급등락에서부터 한 세대에 한 번 나오는 초대형 폭등폭락 사태에 이르기까지, 주식시장에서 비정상적으로 열기를 띄거나 공포에 빠지는 군중심리의 발생은 반복될 수밖에 없고, 군중으로부터 벗어나는 방법은 결코 자연스럽게 얻어지는 것이 아니며 일종의 지식과 훈련을 통해서 가능한 것이다.

2. 군중심리의 발생과정

개인으로 존재할 때 사람은 나름대로의(사람마다 그 수준이 천차만별이기는 하지만) 이성적 판단을 갖추고 있고 비판력이 있다. 하지만 복잡하거나 애매모호한 사항을 접하면 언론, 전문가, 타인의 의견 등에 의존하게 되고 자연스럽게 군중의(언론도 군중심리 속에 있을 뿐, 벗어나지 않음) 일부가 된다.

일단 군중심리에 동참하게 되면, 홀로 된 개인으로 존재할 때와는 달리 군중 속에(물리적인 군중만이 아니라 추상적인 집단의견까지 폭넓게 포함) 속한 개인은 개인의 이성과 비판력을 상당 부분 상실하고, 무언가를 기대하거나 무언가를 두려워하는 감정상태가 되어 암시나 유추에 쉽게 움직인다. 게다가 그러한 경향은 점차 군중 전체에 감염된다. 즉, 한 명 한 명의 개인들이 서로 간에 약속을 하지도 않았지만 군중심리 하에서 군중에 속한 모든 개인들의 감정은 크게 한 방향으로 점차 향하고 가속화되는 경향이 있다.

■ 군중의 주관성과 오류

이는 군중의 특징이(약점) 주관적인 것과 객관적인 것을 구분하지 못하기 때문이다. 주관적으로 받아들이고 싶은 것을 객관적인 것이라고 무의식적으로 암시, 받아들임으로써 개인들은 사건을 자신이 믿고자 하는 방향으로 왜곡시켜 이해하고, 군중 속에서 서로 영향을 주면서 감정 및 의견의 집단 감염이 일어난다.

예를 들어 설명하자면, 상승세가 점차 가속화되는 주식시장에 진입하려는 대부분의 군중들이(투자매력도를 분석한 결과가 아니라, 수익을 낸 사람들에 대한 질투와 수익을 내고자 하는 욕망으로) 이제 추가로 본격적인 상승세가 시작할 것을 서로 믿어 의심치 않고 있고, 한 배를 탔다고 느끼는 것이다. 이때 누가(역발상투자자와 가치투자자들일 확률이 높다) 시장이 과열되었고 언제든지 하락할 수 있다고 경고한다고 하자. 이 사람은 군중심리에 의해서 개인투자자들과 금융업계 임직원 등 주식시장이 상승해야 득을 보는 모든 투자주체들로부터 무시받으며 공공의 적으로서 욕을 듣게 될 것이다.

특히나 어렵거나 애매모호한 대상을 (현재 파악할 지식이 없는데도 불구하고) 개인적으로 파악할 수 없을 경우 심리적으로 굉장히 불확실하고 두렵다. 그렇기 때문에 언론과 전문가, 타인의 의견과 함께 함으로써 불확실성을 덜려고 하게 되는데, 이로 인해 개별적인 해석이 아닌 단순한 일반화, 정확한 비교 분석이 아니라 대략적인 연관성만 따지는 유추의 방식으로 주관적 기대감이나 우려감을 객관화시켜 버린다. 이것이 개인으로서 존재할 때와는 달리 군중 속 개인의 오류이다.

실제로 수많은 경제금융 언론기사, 투자정보 등은 일부 현명한 투자자들을(이 정도 비율의 투자자가 과연 언론 광고비와 투자정보 사용료에 충분히 기여할 수 있겠는가) 위해서 쓴 것이 아니라, 거의 무조건적으로 군중을 위해 쓴 것이라는 점을 기억하자. 그리고 언론기사와 정보가 그렇게 쓰이고 제공되는 이유가, 군중에 속하는 대부분의 투자자들이 스스로 논리를 세워서 독자적인 투자의사결정을 하는 것이 어렵기 때문이라는 점을 알면, 애초에 군중이 원인제공을 하고 있음을 알 수 있다.

■ 군중심리 강화과정

한편, 군중심리가 희미하게 보일 듯 말 듯 하다가 어느 새 뚜렷하게 윤곽이 보일 정도로 사람들에게 감염되고, 결국 전체 대중적인 투자자들을 압도하는 규모로 모든 투자자들을 집어삼킬 때까지 성장하게 하는 요소는 강한 주장, 반복, 감염이다. 본래 무조건적으로 감정이 널리 퍼지기 위해서는 논리적으로 여러 가지 확률적인 가능성을 둔 몇 가지 합리적 시나리오(나 결과)는 쓸모가 없다. 오로지 단순한 형태의 확신, 강한 주장만이 대중에게 감염성이 높은 것이다. 또한 반복해서 말하는 주장의 효과는 매우 강력한 방법론이다. 생각해서 답하는 청자에게는 반복해서 세뇌한다고 해도 반발감만 일으킬 수 있지만, 감정적으로 동요되고 있는 청자에게 반복해서 세뇌한다면 매우 강력한 설득 수단이 될 수 있다.

마치 리먼브러더스 사태 이후 2008년도 한국 주식시장이 폭락하면서 코스피 종합주가지수가 1000 이하, 900 이하로 깨지고 있을 때, 자칭 시장전문가 **A**씨가(이름은 밝히지 않겠다) 코스피 종합주가지수가 500까지 내려갈 것이라고 강하고 반복적으로 예언했었다. 그 당시 코스피 900으로도 주식시장의 **PBR**(주가순자산 비율, 후술)이 대략 0.8 정도였었는데, 500까지 떨어지려면 0.4~0.5 정도까지 되었어야 할 것이다.

우리나라 상장 기업들 전체의 시장가격이 이미 실제 청산가치 가까이(무형자산이나 유형자산의 현금화비율 등을 감안하면) 내려갔음을 감안하면, 거기에서 반토막이 더 난다고 하는 것은 역사상 유래 없는 일이었다. 즉, 수출과 내수가 동시에 완전히 회복불능 상태(그것도 장기적으로 계속)에 빠져도 그 정도까지 내려갈 수가 없었는데, 성장동력이 크게 둔화된 일부 선진국들과는 달리 아직 선진국이 되지 못한 상태에서 기술력과 우수한 인력 등을 갖추고 비교적 둔화되지 않은(선진국 대비) 성장률을 보여 온 대한민국 국내 상장사 전체의 가치가 그렇게 평가절하되기는 어려웠다. 그 당시 이미 '물 반 고기 반'의 저평가 상황에서 신규 매수자들은 높은 기대수익률을 기대할 수 있었고(시장지수와 분위기는 최악이었지만), 만에 하나 더 떨어질 경우에는 더 높은 기대수익률을 기대할 수 있었을 뿐인 것이다.

군중심리와 시간

확신, 반복, 감염을 통해서 군중심리가 발생하고 성장하며 커 가지만, 그 결과가 영구적이거나 반영구적인 것은 아니다. 군중심리는 생성되기만 하는 것이 아니라 항상 소멸하게 되는데(영속적인 군중심리는 없다. 군중심리는 냄비와 같다), 군중심리의 생성과 소멸에 필요한 것은 결국 냉정해질 수밖에 없는 시간의 흐름이다. 아무리 주식시장의 길고 강한 상승을 기대하고 믿고 열망할지라도, 결국 시장의 흐름이 하락반전하고 하락세가 심화되면서 슬슬 반대의견으로 군중심리가 움직이기 시작한다. 군중심리가 주식시장의 이제껏 없었던 폭락을 두려워하며 서로 짓밟히면서(매도자들끼리 주가하락 폭을 키워가면서) 매도하고 도망치더라도 이내 주식시장이 반등하고 그 반등폭이 커지기 시작하면, 두려움에 사로잡힌 군중심리는 서서히 평균으로 추를 움직이면서 다시 희망을 싹틔우기 시작한다.

다만 군중심리에 마지막에 동참하는(선언하고 동참하는 것이 아니다. 정신차리고 나면 자기도 모르게 감정적으로 이미 뛰어들은 후인 것이다) 대중들일수록 결국 천장 부근에서 매수하여 가장 큰 손실을 예약하게 되거나, 바닥 부근에서 매도하여 가장 큰 손실을 확정하게 된다. 다른 자연적인 현상, 문명적인 현상과 마찬가지로 시간이 군중심리 역시 해결해주겠지만, 그 와중에 손실을 보지 않으려면 군중 속으로 뛰어들지 않아야 하는 것이다.

3. 군중심리의 특징 - 군중과 개인

이제 군중심리의 특징을 알아보자. 군중심리의 두 가지 차원, 즉 군중의 차원과 군중 속 개인의 차원에서 군중심리의 특징을 알아보자.

군중의 특징

우선 군중은 누적된 수치보다 즉각적 감정이나 상상에 더 사로잡히는 경향이 있다. 어떤 특수한 상황(예를 들면 주식시장의 급등과 급락, 테러나 자연재해의 발생 등)이 발생할 경우 과거 수십 년간(최소한 십수 년이라도)의 흐름을 보았을 때 이 상황의 빈도나 확률이 얼마나 되는지, 이 상황의 정도가 대단한지 혹은 평범하거나 그 이하인지(지금 당장은 대단하게 느껴져도 역사 속에 반복되는 정도와 비교할 경우) 등을 꼼꼼하게 분석하지 않고 막연히 열광하거나 두려워하는 등 즉각적이고 감정적으로 판단한다는 뜻이다. 실제로 군중들은 건조하고 공식적인 장기 통계에는 큰 관심을 기울이지 않지만, 단기적으로 이슈가 되는 사건사고에는 귀를 기울이고 앵무새처럼 주변 사람들과 의견(사실은 감정적 기반의 견해)을 나누고 증폭시키는 경향이 있다. 상상을 통해 욕망 내지는 두려움을 자극시키는 사건에 이목이 집중되고 집단의견이 형성된다.

또한 군중은 정보에 과잉대응하며, 그 결과로 주식시장을(혹은 특정 종목의 주가를) 급등시키거나 급락시키기도 한다. 주식시장에는 경제뉴스, 정치적 이슈, 글로벌 차원의 지정학적 위기상황, 업종별 주요 기업의 실적 서프라이즈, 기타 다양한 루머 등 많은 정보가 제공되고 있다. 더 많은 대중에게 뿌려지는 정보일수록(1차적으로 뿌려지지 않고, 다단계처럼 몇 차례에 걸쳐서 퍼져도 상관없다) 점차 그 정보는 가속적으로 확산된다. 어느 은행이 위험하다든지, 어느 기업이 인수합병될 거라든지 하는 정보나 루머는 매우 **빠른** 속도로 퍼지면서 해당 종목의 주가를 출렁거리게 한다. 다른 사람들도 인수합병될 기업의 주식을 사서 돈을 묻었으니 나도 지금 매수한다든지, 다른 사람들도 해당 은행의 예금을 인출하고 있으니 나도 오늘 인출해야겠다든지 하는 전염적인(다른 사람들이 하지 않았으면 과연 그렇게 즉각적으로 동참했을까) 강박관념에서 군중심리가 형성되고 강화되는 것이다.

문제는 군중심리에 한 번 휩쓸리면(인위적으로 군중 속에 들어가는 것이 아니라 자연스럽게 대표적인 의견에 감정적으로 동조하는 순간) 현재의 상황이 정상적인 상황인지 아닌지, 이에 대응하고 있는 행동이 올바른지 그른지를 판단하기 어려워진다는 것이다. 이는 특정 시기에 특정 가격으로 수도권 아파트에 거품이 끼어 있다고 종합적이고 객관적으로 판단한 사람이라고 할지라도 일단 수도권 아파트를 사고 나면(일단 그 가격에 매수했으므로), 거품이 끼어있는지 여부와 거품이 빠졌을 때 몇 십 퍼센트 가격하락까지 예상할 수 있는지 등의 질문에 객관적으로 (과정 및 결과 모두) 답을 구할 수 없게 되는 것과 유사하다. 주식시장의 거품 형성 과정에 동참해서 매수했기 때문에 거품이 어느 정도 인지 얼마나 빠질 것인지 냉정하게 생각하지(분명히 하락가능성과 하락폭을 축소) 못하게 되며, 주식시장의 폭락 도중에 군중적 공포감으로 매도세에 동참했기 때문에, 얼마나 저평가되어 있는지 기대상승률은 얼마나 높아졌는지 냉정하게 생각하지(분명히 상승가능성과 상승폭을 축소한다) 못하게 된다.

거품의 한 가운데에서는 자신이 거품 속에서 어리석게 매수했다는 것을 알지 못하고, 공포의 한 가운데에서는 자신이 공포 속에서 어리석게 매도했다는 것을 알지 못하는 것이 군중심리의 힘이다.

한편, 그런 군중심리의 힘은 어디서 오는 것일까? 그것은 고독과 외로움을 두려워하고 무리를 짓는 인간의 본능을 생각해보면 어렵지 않게 알 수 있다. 인간이 존재해온 수백 만 년의 대부분은 원시시대였다. 원시시대에는 집단의 수가 과소한 것보다는 어느 정도 수 이상으로 모이는 것이 생존에 유리했다. 수가 많아야 비로소 자손의 번식 및 육성, 사냥이나 채집 행위, 서식지(근거지)의 방어 등이 동시에 가능해지기 때문이다. 비단 원시시대뿐 아니라 심지어 고도로 발전한 현대 사회에서도 보다 원초적인 현상인 싸움에서부터 좀 더 문화적인 현상인 다수결 투표 등에 이르기까지 다수가 소수나 개인보다 여전히 우위에 있다. 이른바 여럿이 뭉치면 든든하다는 본능적인 무의식 심리가 군중심리 힘의 원천이 되는 것이다.

수적인 힘에서 발생하는 무적의 자신감이 군중 속에 속한 한 명 한 명의 개인들에게 군중 전체의 힘을 부여해주기 때문에 합리적인 것, 실제로 발생 가능한 것, 심사숙고를 거친 최적의 것에 귀를 기울이고 추구하기보다는 군중 전체가 원하는 것을 어떻게든 얻어내려는 쪽으로(힘으로) 움직이는 것이다. 그러므로 군중은 충분한 지식과 힘을 가지지 못했더라도 군중의 힘 속에서 어느 정도 안심할(안심해서는 안 될 장소와 상황에서 안심하는 것이 문제지만) 수 있게 되는 것이다.

하지만 현대 사회에서 금융현상의 원칙은 보다 복잡하고 체계적이며(단기적으로는 랜덤이지만, 장기적으로는 매우 체계적이다) 군중의 힘을 삼켜

먹어버린다. 금융은 원시적인 것도 원초적인 것도 아니다. 그러므로 군중의 힘은 금융현상에서 가장 강한 존재가 아니며, 군중의 힘은 통하지 않고 오직 적합한 전략만이 통한다. 주식시장의 상승세 막바지와 하락세의 끝에서 일시적으로 군중의 힘이 통하는 것처럼 신기루가 보일 뿐, 중장기적으로 금융현상은 반드시 금융원칙에 따라 움직이며, 금융원칙에 따라 수익을 내기 위해서는 적합한(이성과 분석이 닿힌 군중의 사고로는 어렵고 애매모호해 보이겠지만) 전략에 따라야만 한다.

군중심리는 이성적 판단에 근거한 것이 아니라 열망이나 공포감 등 감정에 근거한 것이며, 대개 단순하고 과장되어 있다. 그러므로 열망하는 대로 혹은 두려워하는 대로 되어갈 것이라고 쉽게 군중 속에 녹아들 것이 아니라, 개인의 이성과 비판력을 바탕으로 실제로 현재 어떤 상황에 있으며 어떻게 되어갈지, 역사적인 통계나 순환치는 어떤지, 과거와 달리 최근 현상의 특이성은 따로 없는지 등을 모두 고려해서 판단해야 한다.

■ 군중 속 개인의 특징

다음으로 군중 속 개인의 차원에서 군중심리의 특징을 알아보자.

앞서 밝혔듯이 군중 속의 개인은 독립된 존재로서의 개인과는 다른 특징을 지닌다. 군중 속의 개인은 이성과 의식보다는 감정과 무의식에 더욱 강한 지배를 받으며, 독립적인 견해나 태도를 가지기보다는 군중의 감정 및 태도에 동조화하며, 개인적인 의지력이 많이 약화되어 있다. 즉, 군중의 지적인 수준과는 무관하게(평균 정도 지성의 역발상투자자가 있을 수 있고, 높은 지성의 소유자가 군중에 휩쓸릴 수 있다), 그리고 직업과 성격 등과 무관하게 군중에 포함되는 순간 집단적인 심리(기대나 욕망, 두려움 등)를 갖게 된다.

인간을 아무리 만물의 영장이라고 표현하더라도 인간 역시 의식보다 무의식의 비중이 압도적으로 큰 것이다. 인간의 의식은 개인별로 다를 수 있지만, 무의식은 동물인 이상 별다를 것이 없다. 매력적인 이성에게 이끌리고 돈을 벌고 싶은 욕심과 돈을 잃고 싶지 않은 두려움 등 별도로 필요한 지식과 훈련을 통하지 않는 이상 보통 사람들에게 무의식의 동기와 힘은 강력하다. 그러므로 약한 의식과 이성보다는 강력한 무의식과 감정의 영향을 개개인이 유사하게 받는 과정에서 자신도 모르는 사이에 집단적으로 견해와 감정을 서서히 공유하고 강화하게 되는 것이다. 어느 장소, 어느 시간대에 논의를 한 것도 아닌데 유사한 방향으로 유사한 범위에서 큰 집단의견이 서서히 가속적으로 형성되는 것은 이와 같이 개인들의 무의식적 감정에는 서로 큰 차이가 없기 때문이다.

결론적으로 군중 속의 개인은 홀로 있을 때의 개성적인 개인과 여러 모로 다르다.

4장. 역발상투자의 필요성

1. 군중심리와 역발상투자의 효과

 안심하기를 원하는 대중은 군중심리에 순응하는 반면에 사실을 보고자 하는 역발상투자자는 고독할지라도 독립적으로 사고한다.

대중과 역발상투자자

　우리 사회는 어린아이에게 교육을 시작할 때부터 사회적으로 인정받기 위해서 무엇을 해야 하고 무엇을 하지 말아야 할지 가르친다. 권장되는 행동을 하면 사회로부터 보상을 받고 동료집단으로부터 인정을 받는 반면, 권장되지 않는 행동을 하면 사회로부터 벌을 받고 동료집단으로부터 비난을 받는다. 어린 시절의 교육뿐 아니라 성인이 되고 나서도 사회생활을 통해(대한민국 남성의 경우 군 복무 기간도 추가) 다수의 의견이나 상급자의 의견을 따르거나 존중할 것을 직간접적으로 강요받는 과정에서 점차 순응하는 인간이 되어 간다. 사회적인 갈등은 줄어들지 모르지만 개인 차원에서 순응적인 태도는 사고의 독립성과 창조성을 억누르는 요인이 된다.

　군중에 속하는 대부분의 투자자들은 대중적인 의견에 대해서(다시 말하지만 대중은 언론과 금융기관 임직원까지 포함하는 개념) 한 발자국 물러선 뒤 객관적으로 숙고하거나 정면으로 틀린 점들을 반박하기보다는, 그저 서서히 동조하게 되는데, 이는 스스로 정신적으로 고립되어 올바른 판단을 내릴 자신이 없는 동시에 대세가 되는 무리에 끼이는 것이 심리적으로 더 안정적으로 느껴지기 때문이다. 하지만 모든 것은 대세가 되는 순간(프랜차이즈 아이템을 예로 들면, 대세가 되는 순간 경쟁은 과다해지며 마진율은 감소) 바로 기울기 시작하며, 특히 실물경기보다 한 발 앞서서 움직이는 투자의 세계에서는 대세는 손실의 선행지표라고 할 수 있다. 역발상투자를 하려면 대중들의 여론이 형성되고 비이성적인 군중심리가 발생하고 성장하는 과정을 지켜보면서, 사실에 기반하여 자신만의 합리적인 논리로 선행적인 투자의사결정을 내려야 한다.

인간은 근본적으로 불확실성과 두려움을 참기 어려워한다. 그래서 군중 속에서, 언론기사와 금융기관의 보고서에서 자신과 의견이 맞는 조언들을 찾고 감정적으로 편안함을 느끼는 것이다. 가족과 친구, 직장동료들에게 의견을 구하고 의견을 서로 맞추어나감으로써 확신감을 얻는 것을 포기하고, 군중에서 벗어나 독립적으로 사고했을 때 얻게 되는 대가는(말할 것도 없이 실질적인 수익률) 크다. 타인들과 교류하고 영향을 주고받으면서 타인들로부터 관심을 받고 사랑받는 것은 매우 중요하며 모든 분야에서 그런 관계와 감정을 포기할 필요는 없다. 하지만 투자만큼은 확실히 예외로 해야만 할 것이다. 투자는 하나의 머리로 행하는 것이지(투자판단에 있어서만큼은 머릿수가 많은 것이 별 도움이 되지 않는다) 군중의 가슴으로 하는 것이 아니기 때문이다.

대중과 고평가 종목

대중들이 현재 선호하는 비싼 주식 종목들의 운명은(싼 종목은 매수자가 적다. 매수자가 많아야 주가가 비싸기에 대중들이 좋아하는 종목은 당연히 비싸다) 확률적으로 향후 손실을 볼 가능성이 매우 크며, 여기에서도 역발상 투자의 필요성을 다시 한 번 확인할 수 있다.

여기 한쪽에 이익을 잘 내고 있고 성장전망이 좋은 것으로 알려져 있는 기업들이 있는데, 소속 업종 자체도 미래를 선도하는 신성장 업종에 속해 있다. 이런 기업들은 **PER, PBR, PSR**(특히 PSR의 경우 같은 기업의 과거 수치와 주로 비교해서 현재 수치가 높은 경우를 말한다. 이하 생략) 등 가치지표들이 매우 높고(다른 말로 고평가) 배당수익률은 낮은 편이다. 반대쪽에는 성장전망이 그다지 밝지 않고 이익도 들쑥날쑥 크게 늘어나지도 않는 기업들이 있는데, 업종 자체도 이미 성숙기에 들어선 지 오래 되었다. 이런 기업들은 **PER, PBR, PSR**(특히 PSR의 경우 같은 기업의 과거 수치와 주로 비교해서 현재 수치가 낮은 경우를 말한다. 이하 생략) 등 가치지표들이 매우 낮고(다른 말로 저평가) 배당수익률은 성장전망이 좋은 것으로 알려진 기업들에 비해서 높은 편이다.

대중들이 선호하는 주식들은 앞서 말했던 성장전망이 좋은 기업들이다. 성장전망이 어두운 기업들에는 대중들이 별 관심이 없다. 성장전망이 좋은 기업들에 대해서는 다수의 금융기관으로부터 리포트가 나오며, 심지어는 해당 신성장 업종에 대한 업종리포트도(물론

소속 기업들도 추천하면서) 간간이 나온다. 대중들이 선호하는 주식들의 특징은 한 마디로 '확실히 좋아 보이고, 주가가 비싸다'고 정리할 수 있다. 여기서 중요한 점은 주가가 비싸다는 것은 사실이고, 확실히 좋아 보인다는 것은 추측이라는 점이다.

그리고 숨어있는 사실 하나를 드러내자면(드러내는 것을 싫어하는 사람들이 많겠지만) 확실히 좋아 보인다고 추측한 것 역시도 객관적인 태도에서 합리적으로 추정한 것이 아니라, '제발 좋게 보여라'라고 속으로 주문을 외우는 주관적인 태도에서 추정한 것이라는 점이다. 그 기업들의 홍보를 맡은 IR담당자와 홍보팀장, 그 기업들을 탐방하러 간 애널리스트들, 그 보고서를 보고 매수한(돈을 벌 욕심이 먼저 있고, 투자대상을 어떻게든 끼워 맞추려던) 아마추어 투자자들 등 그 기업의 전망이 좋고 주가가 올라야 행복해지는 모든 주체들이 '낙관적인 기대를 품고' 제 나름대로 귀띔해주고 추정하고 해석하는 것이다.

소수의 가치투자자들이 매수한 기업들이 아니라 압도적인 비중을 자랑하는 군중들이(이것이 남을 위해 주가를 끌어올려주고 자신은 손실을 보는 군중의 힘) 매수한 기업들은 가치지표 상으로 상당히 고평가되어 있다. 물론 고평가된 이유에는 그만큼 성장전망이 좋은 점도 있겠지만, 보다 확실한 사실은 군중이 매수한 종목들은 주가가 매우 비싸다는 것이다. 아쉽게도 역사적으로 높은 **PER, PBR, PSR**을 자랑하는 종목들은 낮은 **PER, PBR, PSR**을 보였던 종목들에 비해서 1년 후, 3년 후, 5년 후 수익률이 대부분 뒤처진다. 평균적으로 볼 때 뒤처진다는 표현을 쓴 것이며, 이따금씩 나타나는 서프라이즈 실적들을 감안하자면 압도적으로 뒤처진다.

즉, 저 **PER, PBR, PSR** 종목들은 이제까지의 부진한 실적이 계속되거나 혹은 더 실적이 지지부진해져도 수익률에 큰 타격을 입지 않는 대신에(애초에 많은 것을 기대하지 않기 때문에 주가가 쌌던 것), 이따금씩 발생하는 실적호전이나 실적 개선의 신호탄(부진 사업부 폐쇄, 비용절감, 현금성 자산의 수익자산화)을 계기로 주가가 화려하게 상승하기도 한다. 반대로 고 **PER, PBR, PSR** 종목들은 이제까지의 실적상승세와 향후 성장전망에 조금이라도 누를 끼치는 실적을 기록하면(예를 들어 30% 성장률이 기대되던 종목이 20% 성장률을 보이면) 주가가 크게 하락하게 된다.

그러므로 군중심리에 의해 인기주에 투자하면 오히려 향후 낮은 수익률을 기록하게 되고, 역발상투자전략에 의해 비인기주에 투자하면 오히려 높은 수익률을 기록하게 되는 것이다.

여기서 역발상투자자의 전략들 중에서 두 가지를 우선 엿볼 수 있는데, 첫째는 저평가된 종목들에 투자하는 것이며, 두 번째는 저평가된 종목들 중에서도 현재 지지부진한 실적을 보이고 있지만 향후 실적이 개선될 종목들을 발견하는 것이다. 저평가된 종목들에 투자하므로 추가적인 주가하락의 폭을(기대하락률이 매우 낮다) 줄일 수 있고, 실적개선이 기대되는 종목들을 선별하므로 높은 추가수익률을 올릴 수 있는 것이다.

공모주와 군중투자자

공모주 열기는 대중적 투자자들의 군중심리를 엿볼 수 있는 또 하나의 현상이다. 공모주에 대해서는 두 가지를 생각할 수 있는데, 하나는 활황장세에서 공모가 유독 빈번하게 이루어진다는 점이며, 또 하나는 활황장세이건 상승장세이건 하락장세이건 폭락장세이건 상관없이 공모주는 그 당시 거래 중인 수많은 종목들 중에서 저평가된 종목들과 비교할 경우 전혀 매력적이지 않다는 점이다.

우선 공모는 활황장세 내지는 상승장세에서 많이 이루어진다. 왜 일까.

공모에 참여하는 잠재적 주주의 입장에서 생각하지 말고 본래의 대주주 입장에서 생각해 보자. 대주주의 경우 공모를 한다는 것은 자신의 지분율을 줄이고 그 대신에 기업에 투입할 자본을 얻는 것이다. 대주주가 자신의 지분율을 줄이는 것은(좋은 기업의 높은 지분율은 현금이나 금덩어리를 가진 것과는 차원이 다르게 매력적인 것) 매우 불쾌한 일이고 일종의 상실감을 유발하는 사건이다. 그럼에도 불구하고 공모를 하는 이유는 자신이 상실한 지분율보다 훨씬 더 큰 규모의 자본을 얻을 수 있는 길이기 때문이다.

여기서 핵심은 자신이 상실한 지분율의 가치보다 더 많은 자본을 조달해야 대주주의 이해관계에 합치한다는 것이다. 역으로 말하면 주주들은 자신들에게 배정된 주식수의 실제 가치보다 더 많은 자본을 납입해야 한다는 것이다. 그러므로 대주주는 가능하면 기업의 지분율에 대해서 비싼 가격을 받을 수 있는 시기인 상승장세나 활황장세에서 주로 공모를 하는 것이다.

활황장세나 상승장세에서 공모주식들에 대해서 대규모 청약률 경쟁이 이루어졌다는 이야기를 뉴스나 기사에서 읽게 된다면, '아, 군중들이 공모주에 비싸게 투자하고 있구나' 하고 생각하면 된다. 그러므로 활황장세나 상승장세에 공모주에 투자하는 것은 정확히 군중심리에 휩쓸린 수많은 투자자들이 비싼 주식을 사고 있는 행위라고 보면 된다. 역발상투자자들은 상승장세나 활황장세에서 공모주 열풍이 불게 되면, 버블이 멀지 않았음을 깨닫는 동시에 버블 이후의 증시를 맞을 준비를 해야 한다. 즉, 고평가된 자산, 업종, 종목부터 부분적으로 현금화를 시작해야 한다는 뜻이다.

그러면 상승장세와 활황장세가 아닌 하락세나 폭락세에서 공모주는 어떠한가. 하락장세나 폭락장세에서는 공모주가 투자하기에 좋을까.

개별적인 기업 측면에서 예외적인 부분을 감안하자면 답을 할 수 없다. 즉, 미래의 삼성전자, 미래의 아모레퍼시픽이 될 기업이 약세장(하락장세나 폭락장세)에 상장하면서 높지 않은 가격으로 공모할 경우 투자하기에 좋다고 말할 수 있다. 하지만 항상 전체적인 평균을 말해야 하고 또 그런 차원에서 이해해야 비로소 큰 그림이 그려진다는 점에서, 전체적으로 말하자면 약세장에서도 공모주는 최선의 투자안은 아니다. 그건 또 왜일까.

공모주의 아주 근본적인 본질을 살펴보면 답은 바로 나온다. 시장상황이 아무리 나쁘다 해도, 그 나쁜 시장상황에서 투자할 수 있는 수많은 종목들 중에서 공모주의 투자매력도는 나쁜 편이라고 할 수 있다. 왜냐하면 정확히 군중이 가장 외면하는 종목들이 가장 매력적이고 저평가되어 있는데(역발상투자자들은 군중이 보지 못하는 종목에 관심이 많다), 공모주는 항상 주목을 받기 때문이다. 시장상황이 매우 안 좋은 약세장이라고 했을 때, 코스피 코스닥의 전체 종목들 중에서 저평가된 종목들이 얼마나 많겠는가. 기본적으로 약세장이라고 하면 평균적으로 모두 저평가 상태에 있는 셈인데, 그러한 상황에서 상대적으로 더 저평가된 종목들의 경우에는 상당히 저평가되어 있는 것이다. 역발상 가치투자자들은 심한 약세장에서 물 반 고기 반이라고 표현하기도 한다. 어쨌든, 공모주는 기존에 거래되는 종목들 중 소외되어 있는 수많은 종목들보다 항상 상대적으로 군중의 관심을 받고 있다고 볼 수 있다. 그렇기 때문에 공모주는 역발상투자자들이 아니라 상대적으로 군중들이 선호하는 투자대상이며, 단기적으로 반짝 상승할 뿐 생각보다 중장기수익률이 좋지는 않다.

이제까지 군중들이 선호하는 비싼 주식과 공모주식에 대해서 간단히 정리했는데, 반대로 군중들이 마치 '절벽에서 차례차례 뛰어내리는 레밍의 무리'처럼 매도우위에 있는 급락장(약세장 기간 내에서도 급락장은 군중심리가 부각되는 시기)을 살펴보도록 하자. 이러한 시기는 군중이 가장 큰 손실을 확정하는 시기이자 역발상투자자들이 가만히 앉아서 큰 초과수익을 올리는 시기이기 때문이다. (항상 준비되지 않은 자는 잃고, 준비된 자는 얻게 된다. 준비하지 않고 그저 얻고자 하는 것은 너무 순진한 발상이자, 공평하지 않은 생각으로 옳지도 않다)

■ 군중의 두려움

군중심리 중 두려움의 감정이 가장 크게 발현되는 급락장은 다양한 형태 중에서 두 가지의 급락장으로 볼 수 있다. 하나는 하락장이 이어지면서 본격적으로 손실을 입기 시작한 군중들이 높은 손실을 견디지 못하고 주가 바닥이 오기 전에 주식을 다 던져버리는 급락장이고(새벽이 가장 어둡다는 말이 바로 이 뜻), 또 하나는 경기와 주식시장의 순환주기와는 무관하게 커다란 임팩트를 지닌 사건(블랙스완이라고 부르기도 함)이 우연히 발생하여 주식시장을 일시적으로 하락시키는 급락장이다.

두 가지 형태의 하락장 모두, 현재 주식시장의 밸류에이션(주식시장이 고평가인가 저평가인가)을 보지 못하고, 주식시장 내 관심업종들이나 관심종목들의 주가가 가치보다 높은가 낮은가를 보지 못하고, 단지 두려움에 주식을 내던진다는 측면에서 동일하며, 감정적으로 크게 동요한 나머지 집단행동을 보이게 된다는 점에서도 동일하다.

군중이 가장 두려워하는 것은 불확실성이다. 불확실성과 애매모호함을 견딜 수가 없기에 홀로 서기를 포기하고 군중 속에서 의견과 감정을 같이 하게 된 개개인들은 내려도 내려도 끝이 없는 것처럼 보이는 주식시장 하락세의 끝에서 커다란 공포와 불확실성에 시달리게 되며, 갑작스러운 이벤트에 놀란 주식시장에 더더욱 크게 놀라서 불확실성을 과다하게 느끼게 되는 것이다.

저점에 가까울수록 패닉에 가까워지는 군중들의 주식 투매는 역발상투자자들의 고수익률 매수기회를 제공하고, 일시적인 이벤트로 기업실적과 주식시장과는 무관한 단기적인 주식시장의 급락은(놀란 군중들의 무리한 현금화) 역발상투자자들에게 보너스 수익률 매수기회를 제공한다.

예를 들면, 장기 통계적으로 일정하게 매우 낮은 확률을 보이는 커다란 자연재해가 일어난 직후, 예상치 못한 장소에서 예상치 못한 수준으로 테러가 발생한 직후 등 사업을 영위하는 다양한 업종이나 기업들에 본질적인 영향을 끼칠 수 없는 이슈들이 발생하여 주가가 급락하게 되면, 군중들은 주식을 던지고 역발상투자자들은 헐값으로 떨어진 기업들을 손쉽게 주워가는 것이다.

왜냐하면 사람들은 이상하게 자연재해 직후에는 자연재해의 장기발생률을 높게 인식하며, 큰 테러가 발생한 직후에는 해당 테러의 발생에 자극을 받아 대테러 대비, 대응 및 협상전략 등이 강화될 것이라는 반대현상을 생각하지 못하기 때문이다.

하락장의 끝에서 더 이상 견디지 못하고 큰 손실을 확정하면서 군중들이 투매하는 상황(급락장), 갑작스런 외부충격을 잘 이해하지 못하고 불확실성 속에서 일시적으로 투매하는 상황(급락장) 모두 군중심리의 모방과 전염 특성에 기인하는 것이다. 욕망 혹은 두려움의 형태로 커지는 군중심리는 모방과 전염을 통해서 확대되는데, 역발상투자자의 경우 모방하지 않고 전염되지 않기 위해서는 독단적인 태도로 합리적인 사고를 해야 한다. 이 말은 군중들과 똑같이 따라 해서도 곤란하지만, 군중들을 참조하여 정확히 반대로 해서도 곤란하다. '군중과 무조건 반대로'라는 모토는 독립적인 의견이 아니라 종속적인 의견에 불과한 것이다. 모방하지도 않고 전염되지도 않기 위해서는 군중에서 벗어나, 사실에 근거해서 합리적인 판단을 해야 한다. 군중의 의견들을 그 방향 그대로 혹은 반대 방향으로 고려하는 것이 아니라, 군중들의 의견을 완전히 무시하고 사실에 근거해야 하는 것이다.

2. 역발상투자의 필요성, 강점

믿음과 순응만이 문제가 아니라 독단과 예측 역시 문제이다. 역발상투자전략은 열린 사고, 포괄적인 사고에서 나올 수 있다.

■ 역발상투자의 열린 사고

혼란과 불확실성을 무조건적으로 배척해서는 안 된다. 혼란과 불확실성을 매우 불편해하거나 두려워한 나머지 믿음과(절충이라고 스스로 세뇌하지만 사실 믿음이다) 순응을 통해 군중 속으로 휩쓸려버리는 것은 어리석은 일이다. 하지만 군중 속으로 들어가는 대신에 혼란과 불확실성을 미봉책으로(단기적으로) 일단 덮어버리기 위해서 독단을 일삼거나 독단적인 예측으로 의사결정을 하는 것 역시 곤란하다. 현명하지 못한 자아의 껍데기 속으로(혼란과 불확실성이라는 감정을 덮기 위해서) 들어가 버리는 것, 이불 밖으로 나오지 않고 이불 안에서 홀로 해결하려는 것(객관적이고 장기적인 자료보다는, 주관적인 자료 수집과 기억, 직관에 의지해서) 역시 매우 곤란하다.

진정한 역발상투자전략은 현재 상태의 혼란과 단기적인 불확실성을 인정하고 불편한 감정을 그대로 받아들이는 것에서부터 시작된다. 즉, 단기적인 전망은 모호하고 불확실한 가운데, 장기 통계 및 주요 핵심 요인들로 판단할 때 중장기적으로는 어떻게 될 확률이 매우 높다고 도출해 내는 태도가 필요하다. 예를 들면, 특정 국가 주요 도시에서 단기적인 부동산 가격전망은 어렵겠지만, 과거 십수 년간 인플레이션 속도보다 부동산 가격이 가파르게 상승했다면, 향후 십수 년간은 인플레이션 속도보다 부동산 가격이 느리게 상승하거나 하락할 것이라고, 합리적인 결론을 내리는 것이다.

경제나 금융 부문에서는 아무리 전문가라고 할지라도 혼란과 불확실성을 없앤답시고 명쾌한 단기적 전망을 내리고 공공연히 발표하는 경우, 대개 고려해야할 요소들 중 많은 것들을 무시했거나(장기 전망보다 단기전망이 사실 더 복잡할 수 있다) 현재나 최근의 추세를 대체로 이어서 전망하는 경우가 많다. 어쨌든 간에 단기전망은 그 누구라도 맞추기 어려운 것이, 전망의 주체가 공신력이나 파급력이 있을수록 오히려 그 전망은 틀리게 될(해당 전망에 맞추어 경제주체들이 대응행동을 하기 때문에) 확률이 크다.

위와 같은 믿음과 순응, 독단과 예측과는 달리, 역발상적 사고는 열린 사고, 포괄적인 사고에서 나온다. 장기적인 시간(통계와 자료)에 걸쳐서 각종 지표들이 순환하는지 누적적으로 상승하거나 하락하는지를 살펴보고, 지극히 인간적인 특정한 욕망이나(예컨대, 주식시장이 조금 더 상승했으면 좋겠다) 두려움을(예컨대, 주식시장이 더 폭락할지도 모른다) 억제하고, 있는 그대로의 사실로만 판단하겠다는 객관적인 태도 등이 바로 열려 있고 포괄적인 사고의 시작점이라고 할 수 있다. 단기적인 추세나 단기 과거에만 집착하면 전체 그림을 보지 못할 수 있고, 특정한 감정을(욕망이나 두려움) 가지고 접근하면 자신이 보고 싶은 것만 보게 되어, 보고 싶은 것만 보면서 점차 강화되고 있는 군중심리의 일원으로 휩쓸리기 때문이다.

즉, 역발상적 사고를 하기 위해서는 감정적으로 제로베이스에서 시작해야 한다. 어떤 결론이든 장기적이고 정확한 사실에 기반하여 도출된 결론이라면(예를 들면 고령화가 점차 가속화되는 상황에서는 연금지급액을 미리부터 줄이지 않으면, 축적된 연금총액으로는 물론 국가 재정으로도 감당이 되지 않는다는 사실) 그 결론을 그대로 받아들일 심리적 훈련이 되어 있어야 한다. 특정한 입장을 세워놓고(출산율이 회복되면 어떻게든 연금체계가 유지될 거라는 등) 다른 기관과 타인들의 의견과 일치한다는 것에 만족하고 마음 편히 지낼 것이냐, 건조한 사실에 기반한 판단을 내리고(세대 간 연금불균형을 혁신적으로 고치지 못하면, 향후 연금고갈을 예상한 젊은 층의 출산율은 더욱 낮아질 수 있다는 등) 어렵더라도 해야만 하는 의사결정을 하느냐는, 그 성과에서 엄청난 차이를 발생시킨다.

투자에 있어서는 공포 구간에 있는 시장 바닥 주변(정확한 바닥은 신도 알 수 없지만)에서 독자적으로 분할매수를 시작하는 것이 역발상투자자이고, 언론과 금융기관 리포트 및 타인들의 포지션(이 세 주체가 바로 군중) 등을 참조하여 마지막으로 큰 손실을 보고 어리석게 매도를 하는 것이 군중이다. 또한 주식시장이 더 상승한다는데 싫어할 사람이 없을 것이며, 자신이 매도를 한 이후 주식시장이 추가적으로 상승한다면 아쉬워하지 않을 사람이 없겠지만, 주식시장이 너무 고평가되어 있다고 판단했다면 객관적 판단에 근거하여 분할매도를 시작하는 쪽이 역발상투자자이고, 우물쭈물하다가 조만간 찾아올 폭락을 맞는 쪽이 군중이다. (게다가 군중은 일시적 조정일 것이라는 대세적 의견에 힘입어, 시장 하락 초반에 매도하지 않고 추가매입하는 과감성까지 보인다)

단기적으로 정확한 예측은 없다. 그런 예측을 스스로 할 생각도,

누군가의 단기 예측을 맹신할 생각도 하지 않는 편이 좋다. 세상에는 공짜 정보이면서도 효용이 큰 경우는 없으며, 공짜가 아니라고 할지라도 옳은 정보 자체가 생각보다 그렇게 많지는 않다. 예측하고자 하는 욕망과 예측을 수용하고자 하는 욕망에 순응하지 말라.

■ 분석가의 예측

예측을 맹신해서는 곤란하다는 확실한 근거를 들어주고자 하는데, 다름 아니라 분석가들은 대체로 낙관적이고 시야가 단기적이며 펀드매니저들 역시 대체로 시야가 단기적이며 주식시장을 이기지 못한다는 것이다. 여기서 분석가/펀드매니저들은 역발상/가치투자자 혹은 기관이 아니라, 대중으로부터 수수료 수입을 올리는 금융기관의 분석가/펀드매니저를 말하며, 이는 단순히 능력 때문이라기보다는 포지션 때문인 경우가 많다.

분석가들이 대체로 낙관적인 것은 시스템적인 원인에서 생기는 공통된 경향인데(국가, 금융기관을 막론하고) 종목의 실적이나 전망을 낙관적으로 예측하는 편이 매매를 촉진하여 금융기관의 수수료 수입을 늘리기 때문이며(분석가의 성과 측정 역시 수익 기여도에 따름), 비관적으로 예측했을 경우 해당 기업에 다시 방문하기가 어려워지기 때문이다. 물론 다른 전문가들과 정면으로 반대되는 의견을 낸 후 그 의견이 만에 하나 틀릴 경우 업종 내 분석가의 위치가 흔들릴 것을 두려워하는 보신주의 때문에, 틀려도 같이 틀리고 맞아도 같이 맞는 편이 낫다고 생각하는 경향도 어느 정도 있다.

또한 분석가들은 대체로 시야가 짧아서 어떤 업종의 종목 실적을 추정할 때, 해당 업종의 영업사이클 호불황 주기를 고려해서 실적의 중장기 추세가 어떻게 될지 그리지는 못한다. 그 이유는 크게 두 가지인데, 우선 그 정도로 분석할 수 있는 실력있는 분석가의 비율은 낮다는 것이고, 다음으로 분석가의 실력과 무관하게 분석리포트를 읽는 대중적 투자자들의 수준이 단기적인 실적전망만을 원하고 그 정도에서 시야가 그치기 때문이다. 이는 마치 시청률이 중요한 방송의 자본주의적 체계가 확립된 국가에서, 히트작 드라마의 수준은 작가의 수준이 아니라 시청자들의(국민들의) 수준이 결정하는 것과 똑같다. 각 나라의 정책 수준은 투표를 해서 대표(대통령이나 총리 등)를 뽑은 국민들의 수준과 상당히 유사하듯이, 일반투자자들이 원하는 수준에서 금융전문가인 분석가의 리포트 내용 방향이 결정되는 것이다.

일반적인 펀드매니저 역시 마찬가지로, 단기수익률을 가지고 펀드 간에 비교를 하는 일반투자자들 때문에(단기수익률은 신도 좌우할 수 없는 랜덤지표인데, 단기수익률을 펀드선택의 기준으로 삼는 것은 참으로 우려스러운 일) 단기수익률에 집착하게 되고, 종목의 매매전략과 전술 역시 장기적인 안목을 갖지 못하고 운용하게 된다. 설상가상으로 다양한 학술적, 업계 내 통계를 보면 평균적으로 주식시장 자체를 이긴 펀드의 비율은 10% 내외였다. 열 개 중 하나의 펀드가 수십 년에 걸쳐서 주식시장의 종합주가지수를 이기고, 나머지 아홉 개가 진 것이다.

단기적인 시야를 지닌 고객들로 인해서(자금유출과 유입이 거기에 달려 있기에) 단기수익률을 신경쓰다보니, 상승하는 주식을 매수하고 하락하는 주식을 매도하는 이른바 모멘텀 전략을 어느 정도 사용할 수밖에 없는 조건도 고려해야 하겠지만, 어쨌든 주식시장을 이기지 못하는 펀드가 어느 짝에 쓸모가 있겠는가. 그저 인덱스에 묻는 것보다 못한 펀드라면 존재가치가 의심스럽다. (고객과 운용사의 동시적인 수준 업그레이드가 필요하겠지만, 이런 기반 전체 수준의 향상은 정말이지 생각보다 많은 세월을 요한다)

요컨대 분석가들의 예측은 대체로 시야가 짧고 낙관적이며, 일반적인 펀드매니저들은 단기적인 실적 때문에 모멘텀 전략을 혼용한 나머지 주식시장의 장기수익률조차 이기지 못한다는 점을 알고, 분석가의 예측을 맹신하지 말고, 단기적인 시야로 운용하지 않는 역발상 투자자가 되어야 하는 것이다.

분석가의 예측을 맹신하지 말고 열린 사고, 폭넓은 사고로 역발상투자전략을 꾀하면, 주식시장의 위기는 오히려 중장기적으로 투자기회가 된다.

■ 군중심리와 역발상투자

　대중들이 주식시장의 위기라고 대체로 동의하고 공포심을 집어 먹은 군중심리에 의해서 매도일색을 보일 때는(매매가 힘겨루기를 하거나 조정 시마다 매수우위일 때는 대중이 아직 위기를 크게 의식하지 않을 때이다) 역발상투자자들에게 투자기회가 열리기 시작할 때이다. 주식의 가치, 기업의 현재 실적과 영업순환주기 등에 아무도 관심이 없고 내려가는 주가에 겁을 집어 먹고 상황이 더 악화될 것이라는 루머가 가득하고, 실제로 투매가 이루어지고 있을 때는, 인간으로서 두려움이 앞서더라도 역발상투자자로서 숫자를 보아야 한다. 얼마나 물 반 고기 반인 저평가 상태인가, 관심권에 두었던 우량한 기업들이 얼마나 헐값으로(경기에 민감한 업종일 경우 심지어 반의 반 값으로까지 세일) 주식시장에서 팔리고 있는가를 숫자로 판단해야 하는 것이다.

　가장 확실한 것은 이것 하나이다. 모든 군중들의 두려움이 가장 커져서 매도세가 가장 심해졌을 때 이미 주식시장은 향후 상승할 요건을 갖추어 가고 있다는 것이다. 항상 주식을 살 때는 1년 후, 3년 후 반드시 큰 수익을 낼 수 있을까를 고민해야지, 일주일 후, 한 달 후의 수익률을 기대해서는 안 된다. 단기적인 시야를 갖는 순간, 시장의 각종 정보들에 귀를 기울이고 금세 군중의 일원이 될 것이기 때문이다. 점점 많은 음식과 술이 나오는 칵테일파티에 사람들이 하나둘씩 몰려들 때, '이 모든 인원이 출구로 나가기는 어려울 텐데'라고 느껴지는 순간이 있을 것이다. 그 전에 파티장을 떠나는 것이 역발상투자자이며, '저 정도로 북적거리는 곳이 있는데 나만 아직까지 안 갔다니, 언제까지고 계속되는 화려한 파티장에 어서 가야지'라고 투덜대면서 뒤늦게 파티에 경쟁적으로 참석하는 것이 바로 군중들이다.

생각해 보자. 대중, 서민, 기타 무슨 표현을 써도 좋다. 전체 구성원 중 태반을 차지하는 사람들이 모두 무언가를 비싸게 샀고 그것을 더 비싸게 팔려고 한다면, 과연 누가 사줄 것인가. 시작하는 소수는 돈을 벌지만 마지막에 뛰어든(본인은 결코 마지막에 뛰어들었다는 것을 알지 못하는 게 어려운 점이지만) 다수는 돈을 벌지 못하는 것이 모든(주식이든 부동산이든 금이든) 투자의 세계이다.

주식시장의 고점이 추상적으로 느껴진다면, 출구가 제한된 파티장으로 생각하는 것도 도움이 될 것이다. 직장 동료나 동창, 이웃들 중에서 주식으로 돈을 벌었다는 이야기가 나오고 질투와 시기로 자극되어 증권사 창구를 찾아가는 또 다른 직장 동료, 동창, 이웃들이 나오기 시작할 때는, 당신이 파티장을 나올(천천히 분할매도를 시작할) 시기를 가늠해야 할 때이다.

이러한 역발상투자는 인간의 심리적인 약점들과 본능에 반하는 것이기 때문에 쉬운 것은 아니다. 하지만 그 대가는 앞서 말했듯이 크다. 주식시장이 크게 출렁일 때마다 커다란 초과수익률을 기록할 수 있는 것이다. 타인으로부터 비난받거나 공격받는 것을 좋아하지 않는다면 타인과 투자에 관해서만큼은 의견을 교환하지 않는 것이 좋다. 역발상투자전략의 가장 기초는 대세에 해당하는 의견을 받아들이지 않고 제로베이스에서 시작하는 것이다. 그것이 어려울 경우 우선 반대의견을 제시해보고, 그 다음에 더욱 적합한 의견으로 수정할 수도 있다.

역발상전략이 항상 군중을 이기고 주식시장을 이길 수 있는 이유가 있다면, 그것은 인간의 욕심과 두려움 등의 감정, 자연스러운 모방과 강화되는 감염성, 쓸데없는 자존심과 소망 등일 것이다. 최소한 투자할 때만큼은 이렇게 지극히 인간적인 특징들을 극복하려고 노력할 때 역발상투자자로 탄탄하게 일어설 수 있게 된다.

2부. 역발상 투자전략

1장. 역발상투자의 특징

2장. 가치투자와 역발상투자의 전제

3장. 역발상투자 전략전술

4장. 분산투자전략과 기업의 펀더멘털

1장. 역발상투자의 특징

1. 역발상투자의 사고

역발상의 가장 개괄적 특징은 의심하고 올바르게 사고하는(그저 거꾸로 하는 것이 아니라) 것이다.

역발상투자의 제로베이스 사고

역발상투자자는 무언가 들려오는 것(언론, 금융기관 보고서, 주변 지인들의 의견들)에 대해서 믿지 않고 '그런 의견이 있구나' 정도로 이해한 후, 의견의 배경이 되는 사실의 양면을 들여다보려고 노력한다. 반대로 대다수 사람들은 눈으로 읽고 귀로 들은 정보와 의견들에 의해서 견해가 자연스럽게(정보와 의견들에 어긋나지 않는 방향으로) 형성된다.

이렇게 외부정보와 다수 의견들을 쉽게 받아들이는 것은 교육제도에 기인한 바가 크다. 교과서를 읽고 뉴스를 보고 신문기사(그것이 종이신문이든 온라인 포털 기사이든)를 읽으면서 이의를 달고 비판적으로 사고하게 길러지지 않았기 때문이며(읽고 요약하는 방식으로 배웠고), 비판적으로 사고하게끔 일부 독려되었다고 치더라도 비판적 사고의 방향 자체에 대체로 정답이 미리 있는(전통적, 사회적으로 인정받고 권장 받는 선택지와 방향으로) 경우가 많았다.

태반의 대중들은 근본적으로 '과거의 전통 일부가 과거 특정 계층의 이익과 편리를 위해 조장된 것에 불과한 것인지 아닌지', '과거의 일부 전통과 현재 국민의 이익과 편리 중 과연 전통이 우위에 있어야만 하는지 그렇지 않은지', '인간이 정말 만물의 영장인지, 그리고 다른 동물들을 지금처럼 이용하고 군림하는 것이 문제는 없는지' 등에 대해서 다른 사람들과 사회통념의 눈치를 전혀 보지 않고(그리고 자신의 무의식적 교육의 잔재들을 타파하고) 제로베이스에서 생각할 수 없다.

그러므로 대중들이 주어진 정보와 의견들에 순응하는 습관, 기존의 방향과 의도대로 생각하는(스스로 생각한다고 착각하지만) 습관 등에서 벗어나지 않는 동안, 역발상투자자들은 당연하게 주어진 것들을 의심하고(단순 부정이 아니라 진실 여부를 의심) 가능하면 어떤 의도도 들어가지 않은 객관적인 태도로 사건에 접근한다. 이러한 역발상적 태도는 비상사태가 아닌 것처럼 모두 착각하고 있지만 실제로 비상사태인 상황에서 미리 벗어날 수 있게 해주며, 좋은 기회가 있지 않은 것으로 모두에게 보이고 있지만 실제로 좋은 기회를 먼저 활용할 수 있게 해준다.

■ 예측하지 않는 역발상 사고

또한 역발상 사고는 예측할 수 없는 것에 대해 예측하지 않는 것이며, 예측이 아니라 사고의 습관을 말한다.

역발상적 사고는 미래를 구체적으로 예측한다는 불가능한 명제에 도전하지 않음으로써, 자기도 모르게 전문가와 예언가의 예측에 기대는 대부분의 대중들과도 차별화하고, 자기도 모르게 단기간의 추세에 따라서 예측하는 전문가와 예언가와도 차별화할 수 있다. 혹시 모를 진짜 예언가(사실은 없지만 이론상의 개념으로 생각해보자)가 제대로 된 미래를 예측했지만 그 예측을 맹신한 대중들의 대응반응(역반응)으로 그 예언은 실제로 향후 크게 틀어지게 되는 경우가 많은데, 역시나 이때 예언을 믿었던 대중들과도 차별화할 수 있다.

투자업계에 오랜 격언이 하나 있는데 대략 이런 의미를 담고 있다. '닥칠 것이 미리 그리고 널리 알려진 경기 침체는 오지 않는다. 미리 계산되고 대비된 주가의 폭락은 오지 않는다.' 역발상 투자는 미래 예측을 하거나 믿는 것이 아니라, 미래를 억지로 예측하는 데에서 발생하는 오류들을 피하여 올바른 의사결정을 하는 것을 목적으로 한다.

모두가 축구공만을 바라보고 있으면 축구공 주변에 선수들만 가득할 뿐 누구나라 제대로 된 기회를 잡지 못한다. 반대로 축구공과 비교적 떨어져 있는 곳 중에서 직접 골을 넣거나 혹은 패스를 통해서 골의 기회가 생기는 장소에 있는 선수는 제대로 된 기회를 잡을 수 있다. 모든 관객들과 선수들이 축구공 주변에 눈이 팔려 선수들이 엎치락뒤치락 하는 것을 지켜보면서 골이 들어가니 마니 예측하는 동안에, 골이 실제로 들어갈 수 있고 공과 사람들로부터 일정 거리를 둔 곳에 미리 기다리고 있는(패스를) 선수가 기회를 얻는 장면을 상상해보면, 예측과 역발상의 차이를 알 수 있다.

역발상적 사고는 예측하기 위한 것이 아니며, 감정적으로 격앙된 이슈의 중앙에서(집단의 한 가운데에서) 벗어나서 사실에 기반하여 숙고함으로써 결론을 내는 사고습관이다. 모든 주어진 의견들을 믿지 않는 상태, 즉 제로베이스 상태에서 '의도'에 대해서도 생각해보고, '반대 각도'에서도 생각해보는 등 언론과 대중들의 예측 자체를 믿지 않고 조사하는 과정을 거쳐서, 결국 사실들에 근거하여 독립적인 결론을 내리는 습관이다. 억지로 예측하려 하고 자기도 모르게 예측에 기대려고 하는 대중들과 확실하게 차별화된 태도, 그것이 역발상투자자의 태도이다.

■ 인과적 순환을 읽는 역발상 사고

대중들은 과거의 패턴을 연장하는 경향이 있지만, 역발상 투자는 원인과 결과의 흐름, 순환을 보아야 한다.

일반적으로 언론이나 금융기관, 대중들 모두 최근까지의 상황에 근거하여 예측, 주장, 동의하고, 최근까지의 패턴을 미래로 연장하는 경향이 있다. 이는 크게 두 가지 이유 때문인데 첫째, 그것이 대부분 참여자들의 이해관계와 맞아떨어지기 때문이고 둘째, 쉽기 때문이다.

거품이 잔뜩 낀 특정 시기 특정 국가 수도의 부동산을 가정하면, 오르는 부동산이 계속 오를 것이라고(혹은 떨어지지는 않을 것이라고) 말하는 언론과 금융기관, 대중들이 훨씬 많다. 그것은 과거 올라온 부동산을 매입한 개인과 법인, 부동산에 대출해준 금융기관, 금융기관과 건설회사의 광고비를 받는 언론 등이 모두 부동산 하락만은 피하고 싶기 때문이다. 또한 어떤 자산이든 간에 등락을 말하려면 등락 주기와 등락의 원인요소들을 분석해야만 하는데, 부동산의 경우 인구와 경제성장률 등 핵심지표들 외에도 몇 가지 요소들을 추가로 고려해야 하며, 이때 부동산 가격의 등락 주기는 생각보다 길고 고통스러울 수 있다는 것을 알게 된다. 그러므로 최근의 패턴이 어떻게 바뀔지 초장기적인 배경에서 진단해보는 어려운 길보다는, 최근의 패턴에서 크게 벗어나지 않는 선에서 쉽게 예측하고자 하는 유혹에 빠진다.

역발상투자자들은 실제로 지속적으로 그리고 반복적으로 이루어졌던 일들이 무엇인지 구체적으로 살피고, 장기적인 연장선상에서 이번 상승이 얼마나 지속될지, 또 대략 어느 정도 선에서는 하락 전환을 미리 대비해야 할지를 밝혀내려고 한다. 표면적이고 단기적인 원인이나 겉으로 보이는 현상이 아니라, 심층적이고 장기적인 원인을 찾고 겉으로 보이는 현상 아래에 실제로 움직이고 있는 마그마를 읽으려고 노력한다.

2. 변동성과 공포는 역발상적 수익기회

변동성은 역발상투자자의 친구이며, 역발상적 관점의 요체는 비관론이나 낙관론 등 극단적인 정서에 비순응하는 것이다.

■ 주식시장 장기수익률과 변동성

주식시장의 변동성에 대해서 주식을 모르는 대부분의 사람들이나 주식시장을 다루는 다수의 아마추어 전문가들(자칭), 주식투자를 하는 다수의 아마추어 투자자들이 모두 위험 내지는 단점, 두려움으로 느낀다. 주식시장의 변동성은 위험하며 주식투자에 있어서 큰 단점이며(모르면 단점으로 보인다. 마치 서양문명을 몰랐던 고려, 조선시대에 노랑머리, 빨강머리 자체가 단점이자 오랑캐의 상징이었듯이), 주식 자체를 두렵게 만드는 요소라고 생각하는 것이다.

하지만 주식이 다양한 투자대상들 중에서 가장 투자매력도가 높은 투자대상인 이유는 바로 장기수익률이다. 주식의 실체가 되는 상장기업의 장기복리수익률이(자기자본과 순이익의 장기성장률) 평균적으로 다른 모든 투자대상들보다 높기 때문에(일부 기업들이 상장폐지, 파산되는 비율을 감안할지라도) 장기적으로 가치에 수렴하는 주가 역시 장기수익률이 가장 높은 것이다. 그리고 그렇게 장기수익률이 높은 기업의 소유지분율에 해당하는 주식이라는 자산이 주기적으로 저평가, 적정 평가, 고평가를 순환할 수밖에 없는 핵심적인 이유들 중에 바로 변동성과(실적과 주가의 변동성) 군중심리가(실적과 주가 변동성에 대한 과잉반응) 있는 것이다.

요컨대 주식시장의 가장 큰 매력도는 장기수익률이며, 단기적인 변동성은 높은 장기수익률에 수반되는 주식시장의 특징인 것이다.

그런데 장기수익률은 플러스섬 게임으로 장기 보유한 투자자들에게 수익을 안겨주지만 오래도록 기다리면서 점차 누적되는 것이고, 단기변동성은 제로섬 게임으로 시장을 추종하면서 따라가는 군중투자자는 손실을 보고 시장을 역발상적으로 접근하고 분산투자하는 역발상투자자는 이익을 보는 것이다.

다만, 대중 및 아마추어 투자자들은 30년에 30배보다 1년에 12% 수익률을 하찮게 여기고, 30년에 66배보다 1년에 15%수익률을 하찮게 여기기 때문에 장기수익률도 노리지 못하고, 주식시장이 웬만큼 상승해야 상승을 확신하고(완전히 반대로 생각하는 셈이지만) 주식시장에 참여하고 고점에 다다를수록 욕심이 커져서 심지어는 대출규모도 늘리기 때문에 단기변동성에 있어서도 가장 손실을 많이 보는 것이다.

이에 반해 역발상 투자자는 단기적으로 변동성이 크면 클수록, 평소에 좋게 보았던 기업들의 저평가 상태를 이용해서 매수할 수 있고, 저평가된 기업들 중에서 좋은 기업을 고를 수 있고, 보유하고 있던 주식들 중에서 가장 고평가된 주식들부터 차례차례 분할매도(수익률 확정)를 할 수 있기에 변동성을 이용해서 수익률을 훨씬 높일 수 있다.

즉, 저평가된 주식을 매수하고 고평가된 주식을 매도하기 위해 변동성을 이용하는 역발상투자자들에게는 변동성이 친구이며, 고평가된 주식을(실제 고평가된 주식에 대해 너무 좋은 분석보고서와 전망이 쏟아져 나오므로 군중투자자는 해당 주식이 고평가임을 별로 의식할 수 없음) 뒤늦게 따라서 매수하고 저평가된 주식을 뒤늦게 따라서 매도하는 군중투자자들에게는 변동성이 적인 셈이다.

　물론 역발상투자들은 단기변동성 뒤에 장기수익률을 보기 때문에 일시적으로 급락한 주식시장에서 일시적으로 실적과 주가가 떨어진 기업들의 주식을 마음 놓고 살 수 있는 것이다.

■ 변동성을 역이용하는 역발상투자

역발상투자자는 결코 낙관론도 아니며, 비관론도 아니다. 실적과 전망이 지금 한창 좋은 기업이 무조건적으로 향후에도 좋을 것이라고 생각하지 않고 무조건적으로 악화될 것이라고도 보지 않는다. 실적과 전망이 어두운 기업이 무조건적으로 향후에도 나쁠 것이라고 생각하지 않고 무조건적으로 개선될 수밖에 없다고도 보지 않는다. 대체로 단기(1년 미만) 혹은 중기적으로(4년 미만) 지금까지 좋기만 했던 기업들은 나쁜 시절이 언젠가 다가올 수 있고, 지금까지 단기 혹은 중기적으로 나쁘기만 했던 기업들은 좋은 시절이 언젠가 다가올 수 있다는 것을 알고 있고, 또 그럴 확률이 다소 높다는 것도 알고 있지만, 미래에 대해서 패턴의 연장이나 역패턴 등 너무 단순하고 성급하게 결론내리지 않는 것이 역발상 투자자이다.

역발상 투자자는 낙관론이나 비관론에 휩쓸려서 감정적 포지션을 앞세우고 투자의사결정을 하는 것을 절대적으로 피한다. 감정적인 요소를 투자에 활용하는 부분이 있다면, 거기에 순응하는 것이 아니라 한 발짝 물러나서 그것을 역이용하는 것이다. 군중들이 욕망과 두려움의 극에 달해서(욕망과 두려움이 서서히 커지는 동안이 아니라 임계치를 넘거나 과도할 때) 실제 현실보다 현실을 더욱 낙관적으로 보거나 현실을 더욱 비관적으로 바라볼 때가 있다. 이때, 역발상 투자자는 모두가 마지막까지 내다 버리는 주식들 중에서 가장 좋은 주식들을 주워 담고, 모두가 마지막까지 경쟁적으로 매입하는 주식들 중에서 가장 좋지 않은 주식들을 열심히 파는 것이다.

결국, 역발상 투자자는 항상 현재의 상태와 다른 경우를 한 번 더 생각해보고, 장기적이고(단기 미래 추정이 아니라) 객관적으로(기대감이나 두려움을 모두 버리고) 가장 높은 확률적 결과를 도출하는 것이며, 그 과정에서 군중심리의 극단적 낙관성과 비관성을 모두 이용하여 상당한 초과수익률을 얻을 수 있다.

변동성 중에서도 대중 입장에서는 역발상투자의 행위가 가장 이해되지 않고, 역발상투자의 관점에서 가장 많은 기대수익률을 확보할 수 있는 절호의 기회는 바로 폭락장에 있다.

거리의 평범한 사람들의 주식투자로 인한 손실과 절망이 가득하고, 심지어는 자살자도 나오기 시작하며, 이제 재테크 수단으로서 주식은 끝이라고 언론에서 떠들고, 군중들이 견디고 견디다가 마지막까지 주식을 투매하고 펀드를 환매할 때가 바로 역발상투자자가 본격적으로 행동을 시작할 때이다.

(물론 이 전에도 매수를 시작하지만, 어디까지나 전체 자산 중 일부를 분산투자하여 시장의 기회를 관찰하기 위해서이다)

언론과 대중은 물론, 주식전문가라는 사람들마저 방송에서(시청률이 중요한 주식방송에는 투자에 정말 도움이 되는 고수도, 깊은 지혜도, 실제 탁월한 투자전략도 없다. 중요한 것은 오직 시청률 뿐) 현재보다 높은 주가를 말하거나 약속하지 못하고 꽤 오래도록 내려갈 수 있다(회복하지 못할 수 있다)고 말하는 분위기라면, 주식이 오를 수 없다고 공공연히 투자업계에서 몸을 사리는 시기로 볼 수 있으며, 역발상투자를 시작하기에 나쁘지 않다고 생각된다.

주식에 대해서 가장 잘 모르면서 빚을 지고 투자한 아마추어 대중들이 주식을 내던지면 그 이후 누가 또 주식을 내던지겠는가. 대중 투자자들은 더 떨어질까 봐 참다 참다 못해 마지막 남은 물량을 내던지지만, 역발상투자자와 가치투자자들은 고점이 오기 전에 이미 팔았고, 국내외 기관투자자들은 고점 이후에 급락장에서 주식을 내던졌으며, 이후 대중투자자들이 견디다 못해 내던지기 시작해서 마지막 물량을 던질 때쯤 되면 더 매도할 주체들이 없다.

'무슨 소리인가, 주식이란 것은 항상 주인이 있는 것으로 대중들이 다 내던진 주식을 매수한 주체가 있을 것이고, 그 주식들을 새로 소유한 주체들도 견디지 못해 이내 매도할 것이 아닌가'라고 생각하면서 마지막으로 매도했을지 모른다.

하지만 고점에서 한참 하락하면서 주식시장이 다시 상승하기는 어렵고 조만간에 더 크게 한 번 떨어지기 전에 어서 내다 팔자라는 심정으로 마지막 남은 아마추어들이(길거리에 평범한 사람들, 예적금을 깨고 대출금으로 뒤늦게야 투자했던 불쌍한 투자자들) 주식을 내던질 때, 매수하는 주체들이 과연 어떤 사람들, 어떤 주체들일까 생각해 본 적이 있는가.

주가의 움직임만 살펴보면 절벽에서 떨어지는 것처럼 아찔한 하락장에서 그 가치 대비 가격이 싸다고 생각한, 즉 이성과 냉정함으로 무장한 가치투자자와 역발상투자자들이(낮은 비율의 개인 및 낮은 비율의 기관) 아니면 누가 이 시기에 용기 있게 매수할 수 있겠는가. 다시 말하면, 군중이 투매한 이후에는 매도세력 자체가 나오기 힘든 것이며, 가치투자자와 역발상투자자는 분할매수 규모를 점차 늘려갔으면 늘려갔지 결코 매도할 리가 없기 때문에, 오히려 빠른 매수자들이 한 무리씩 나타날 때마다 선행 매수한 역발상투자자들과 가치투자자들의 수익률은 저만큼씩이나 앞서나가는 것이다.

옛 투자대가인 존 템플턴 경이 '매수하기 가장 적절한 때는 바로 거리에 피가 낭자할 때다'라고 말했듯이, 감정적 동요에 순응한 대가는 손실의 확정과 기회의 상실뿐이다. 장기적으로는 좋은 투자대상들이 단기 및 중기적인 어려움을 겪으면서 전망이 가장 좋지 않을 때, 감정적 동요에 순응한 군중들이 전체 주식시장 및 해당 종목들의 주가를 바닥까지 끌고 내려갈 때, 역발상투자자들은 침착하게 기다렸던 기회를 잡고 주식을 매수할 수 있다.

모두가 단기/중기적인 경기침체와 주식시장의 추가하락을 두려워하고 있을 때, 이미 모두 벌어진 굵고 다양한 악재들의 영향이 약화되면서 오히려 하나씩 드러날 수 있는 호재들이 무엇이 있을지 조사, 판단해보는 것, 그것이 바로 절망 속에서 낙관의 새싹을 보는 역발상투자의 강점인 것이다.

■ 역발상투자의 저가매수, 손실축소

변동성을 친구로 삼고 극단적인 정서에 비순응하며, 거리에 피가 낭자할 때 시장에 진입해서 장기적인 낙관에 투자하는 역발상 투자에 필연적으로 수반되는 장점은 저가 매수가 가능하다는 점, 그리고 혹시 발생할지도 모를 일시적인 손실 폭을 그나마 축소할 수 있다는 점이다.

역발상 투자의 본질적 성격 때문에 주가가 상승할수록 매수자가 몰리는 군중심리와는 달리 결코 고가에는 매수를 하지 않게 되고, 매도자가 몰리는 군중심리 속에서 상당한 저가에 매수를 시작하게 (시장의 바닥은 아무도 알 수 없기 때문에, 매수를 시작하게 되는 것이지 일시에 전 재산으로 모두 매수하는 것이 아님) 되는 것이다. 즉, 비싸게 사지 않고 싸게 산다는 점이 다른 투자자들보다 압도적으로 유리한 점에 서게 한다.

물론, 시장의 정확한 바닥을 알 수는 없고 또 알 필요도 없다. (바닥 전, 바닥, 바닥 후에 걸쳐서 분산투자하면 되는데 왜 바닥점을 예견해야 한다고 생각할까) 그렇기 때문에 역발상투자자 및 가치투자자들이 매수를 시작한 이후 주가가 추가적으로 떨어질 수도 있다. 하지만 주식시장의 매도세가 최대 수준으로 치닫고 투자자들의 대부분에 해당하는 군중투자자들이 투매할 때 매수를 시작했기 때문에, 이후 추가적인 주가하락률은 생각보다 크지 않다. 또한 향후 기대수익률에도 전혀 영향을 끼치지 않는다.

예를 들면, 적정 시가총액이 2000억 원인 기업을 600억 원일 때 매수했는데 400억 원까지 떨어졌다고 해도, 적정 시가총액까지의 기대수익률에는 변화가 없다. 오히려 주가를 예측하지 않기 때문에 매우 저평가된 상황에서 분할매수를 하는 역발상투자자의 원칙상, 추가적으로 주가가 떨어지는 상황은 기대수익률을 더욱 높일 추가 매수가 가능할 뿐이다. (이에 비해 예측이 틀린 모멘텀 투자자는 솔루션이 없다. 불안함에 떨며 손절매를 할 수밖에 없는 것이다)

3. 단기 변동과 장기 평균, 저평가 소외주의 부활

　역발상 투자는 마치 도박과 같이 불가능한 유혹인 타이밍을 노리는 전략을 사용하지 않고, 극단적인 정서에도 휩쓸리지 않고 피해나가면서, 장기성장률과 평균회귀라는 현실세계에 두 발을 딛고 서서 묵묵히 수익을 올린다.

■ 극단을 역이용하는 역발상투자

우선 역발상 투자자는 군중과 정확히 반대로 움직이는 것처럼 단순한 것이 아니라, 군중과 달리 타이밍을 노리려고 하지 않고(타이밍을 노리려고 하는 시도 자체가 등락의 전환가능성이 높아질수록 눈을 멀게 한다) 극단적인 정서를 피하고 역이용(역발상적 매수매도)한다.

예를 들면 원자재 관련 펀드가 되었건 선진국 주식펀드가 되었건 개발도상국의 고금리채권 펀드가 되었건 간에, 큰 폭의 연이은 수익률 급락으로 언론, 금융기관(상품 판매, 분석기관), 대중 투자자들이 대부분 공개적으로 관련 펀드의 향후 수익률을 어둡게 보고 단기에서 중기 기대수익률을 예측하지 않으며, 심지어는 펀드들을 폐쇄하고 쉬쉬하기 시작할 때가 바로 비관성이 극단에 가까울 때라고 할 수 있다. 비관성이 극단에 가까울 때는 안 그래도 크게 하락한 원자재나 유가 등이 추가적으로 얼마나 하락할지 모르겠다는 식의 공포감이 우세할 때이며, 이때 역발상투자자는 매수를 시작한다.

반대로 큰 폭의 연이은 수익률 급등 혹은 중기적으로 수익률이 높아지고 있고 최근에 그 기세가 가팔라졌다면 언론, 금융기관, 대중 투자자들의 환호는 거세어지고 펀드는 우후죽순으로 늘어나며, 안 그래도 상당히 올라버린 경제지표나 가격추세 등에 대해서 낙관적 전망들이 향후 오래도록 훨씬 더 높게 오를 것이라고 언급할 때가 바로 욕망과 낙관이 극단에 치닫고 있을 때이다. 이때 역발상투자자는 매도를 시작한다.

■ 장기성장률과 평균회귀

하지만 역발상투자자들이 매수하고 매도하는 데에는 단순히 청개구리처럼 반대로 하는 전략과는 전혀 다른 차원이 존재한다. 그것은 중장기적으로 오를 수밖에 없는 헐값의 자산에 투자하는 것이며, 중장기적으로 내릴 수밖에 없는 고가의 자산을 매도하는 것이다.

즉, 시야가 짧고 경험이 부족한 금융분석가들, 시야와 경험이 충분하더라도 시장이 원하는 목소리를(드라마의 수준은 시청자들의 수준이지 작가들의 수준이 아니다) 낼 수밖에 없는 금융기관에 종속된 금융분석가들은 최근의 경기 동향과 기업 실적을 중시하지만, 역발상투자자들은 실제로 투자의 성공을 약속하는 것이 중장기적인 지표와 중장기 성장률이라는 것을 알고 있는 것이다. 대중들이 주목하는 단기적 시간 관념과 역발상투자자들이 주목하는 장기적 시간 관념의 차이가 바로 커다란 초과수익률을 가능하게 하고, 극단의 상황에서 역발상 매수매도를 가능하게 하는 원동력이다. (역발상투자자는 위험한 곳에서 용기를 내는 사람들이 아니라, 위험하지 않고 반대로 바뀔 것을 미리 계산하고 행동하는 사람들이기 때문이다. 집단적인 용기와 침울함 등 감정적인 특징은 군중의 특징이다)

역발상투자자들이 극단에 해당하는 지점에서 매수를 하거나(공포스러운 바닥 전후에서) 매도를 하는(욕망이 넘치는 천정 전후에서) 것은 주식이라는 자산의 평균적인 장기수익률, 기업이라는 존재의 평균적인 장기성장률을 이해하고, 중장기 재무손익 수치, 통계에 사실적으로 접근하기 때문이며, 평균회귀 법칙을 어느 정도 이해하기 때문이다. 대부분의 군중투자자들은 재무손익 수치와 통계에 직관적으로 접근한다. 군중투자자들은 무의식적으로, 복잡해보이거나 애매모호해 보이면 아는 범위 내에서 패턴화, 유추하려 들고, 그래도 해결이 안되는 부분은 언론, 전문가, 대중적 의견에 동조함으로써 불안감을 해소하려 들기 때문이다. 그리고 군중은 감정적으로 흥분해 있기 때문에 평균회귀를 이해하거나 생각하지 못하며, 대체로 최근까지의 현상을 미래에까지 투영해서 예측한다. (사실 이런 예측은 예측이 아니라 기대하고 믿는 행위이다)

하지만 중장기적인 관점에서 평균회귀 현상은 여러 가지 경우에 들어맞는 보편적인 원칙이다.

운동선수의 펀더멘털(체력과 경기능력, 정신력 등)이 변하지 않는 기간 내에서(펀더멘털이 변할 정도로 선수가 늙는다면 평균회귀 수치 범위 자체가 변하므로) 어떤 날, 어떤 주, 어떤 월에는 실적이 좋을 수도 있고 나쁠 수도 있다. 최근 며칠, 몇 주 동안 실적이 좋았거나 나빴다고 해서 그 선수의 역량이 근본적으로 바뀌었다고 판단할 수는 없다. 바이오리듬이 좋을 때도 나쁠 때도 있겠지만, 그 선수의 근본적인 실력 범위는 일정하기 때문이다.

운동선수뿐 아니라 꾸준히 공부하는 학생의 경우도 마찬가지이다. 중간고사, 기말고사, 시험 사이의 예비시험, 일상적인 쪽지시험 등 다양하고 수많은 시험을 볼 때마다 시험 중에 체력이 좋았던 경우와 감기 등 몸이 안 좋았던 경우, 시험 전날에 음식을 잘 먹거나 잘못 먹은 경우 등에 따라서 결과가 다를 수 있다. 하지만 이 학생의 펀더멘털(지능과 노력, 외부조력의 정도 등)이 변하지 않는 한, 전체 내 성적순위 비율은 일정 범위를 왔다 갔다 할 것이다. (이 학생의 펀더멘털이 변한다면 당연히 성적순위 비율의 범위 자체가 변할 것이므로, 이 경우는 평균회귀의 범위도 따라서 변하게 될 것이다)

이 학생의 경우 역시 그때그때 성적이 다소 좋을 수도 나쁠 수도 있지만, 학생의 실력이 근본적으로 바뀌었다고 말할 수는 없다. 왜냐하면 한 번 한 번 시험의 성과는 다소 다를 수 있겠지만, 여러 번에 걸쳐서 중기적인 성적순위 비율은 일정범위 내에 있기 때문이다.

이것은 기업도 마찬가지라서 주식시장을 구성하는 전체 기업들을 살펴보면, 근본적인 펀더멘털이 변하지 않는 이상 기업들의 실적도 기업들이 속한 다양한 업종들의 업황 사이클에 따라서 중기적으로 등락할 수는 있어도, 장기적으로는 어쨌든 지속적으로 성장하는 것이다. 또한 주식시장 자체도 매년 주식시장 상승률이 다르고 때로는 하락할 때도 있겠지만 장기적으로는 일정한 범위 내에서 상승하는 것이다.

이상을 평균회귀의 법칙이라고 하며, 주식시장이 다른 투자대상들보다 우월한 것은 평균적인 장기수익률이(수백 년에 걸쳐 검증된) 매우 높기 때문이며, 역발상투자자들이 초과수익률을 내는 것은 상장사들의 장기성장률, 주식시장의 장기수익률에 근거한 평균회귀의 법칙을 잘 이해하고 공포심의 극단에서 저가에 매수를 시작하고, 욕망의 극단에서 고가가 되기 전에 매도를 시작하기 때문이다.

군중들은 항상 주가가 새롭게 급등할 경우 새로운 주식시장의 호황, 새로운 평균 주식수익률을 기대했고, 주가가 새롭게 급락할 경우 주식시장의 끝과 재테크 매력의 사망선고, 추세적으로 하락할 주식수익률을 예언했다. 역발상투자자들은 개별 주식이 되었든 주식시장 전체가 되었든 최근 몇 년간의 성장률/수익률이 장기평균성장률/수익률보다 크게 상승했다면 비정상적으로 높은 것으로 보고, 장기평균성장률/수익률보다 크게 하락했다면 비정상적으로 낮은 것으로 본다. 그리고 그것은 새로운 매수매도의 기회가 된다.

특히 금융전문가들이라 할지라도 최근의 실적추세를 연장해서 향후의 실적추세와 예측치를 산정하는 비율이(그런 경우가) 매우 큰데, 실제 오랜 기간에 걸쳐서 드러난 수많은 기업의 실적결과는 '단기적인 과거 성장률이 장기적인 미래 성장률과는 아무 상관이 없음'을 알게 해 주었다. 단기적인 과거 성장률과 단기적인 미래성장률은 모두 아무런 의미가 없다. 장기적인 과거 성장률의 범위와 추이를 살펴보는 것이 중요하며, 단기가 아닌 중장기적인 미래성장률의 범위를 알아내려 노력해야 하는 것이다. 바로 이 부분이 역발상투자자들이 노력하는 부분이기 때문에, 단기적인 과거 추세로 장기적인 미래 추세를 뽑아내고자 하는 허무맹랑한 일에 몰두하는 대부분의 금융전문가들이나 그 조언에 귀를 기울이는 군중투자자들보다 역발상투자자들이 한층 더 높은 수익률을 누리거나, 손실을 피하는 것이다.

장단기 시간차와 역발상투자

역발상은 장기적인 흐름에서 펀더멘털 자체는 변하지 않지만 단기적인 관점에서 실적이나 수익률이 변하는 장기와 단기의 시간차를 역이용해야 한다. 군중의 시야는 단기에 기반을 두고 있고 단기적인 행동을 하지만, 역발상투자자는 시야를 장기에 두고 군중들의 단기적 행동을 역이용해야 하는 것이다.

평균회귀의 법칙은 역발상투자자들이 즐겨 사용하는 투자전략의 성과를 좋을 수밖에 없게 만든다.

예를 들면, 과거에 주가가 하락했던 패자주식들이(예를 들면 최근 1~2년간 주가가 50% 이상 하락한 주식들) 통계적으로 향후 중장기 수익률이 대체로 좋은 경우, 비인기 가치주들의(저 PER, 저 PBR, 저 PCR 등) 실적이 조금만 개선되어도 항상 주가는 크게 오르는 경우 등을 들 수 있다.

위와 같은 현상이 벌어지는 이유는 군중투자자들이 장기적 시야를 가지지 못하고 단기편향적인(최근 실적이나 주가흐름이 향후에도 이어질 것으로 착각) 태도를 보이기 때문이다. 군중투자자들은 어떤 기업에 대한 가장 최신의 정보들이 호재였고 최근의 주가상승률이 높았다면, 이전의(이전 영업사이클이 불황일 때) 오래된 악재들을 모두 잊어버리고 과거의 주가하락 사실을 잊어버리는 경향이 있는 것이다. 그리고 단기편향적인 태도는 일반투자자들뿐 아니라 금융전문가들도 마찬가지로 대체로 벗어나지 못한다.

이러한 군중들의 약점과 주식시장의 단기 변동성을 이용하여, 역발상투자자들은 가능한 거래비용을 줄이고 가능한 손실 폭을 줄이면서 가능한 기대수익률을 높이기 위해서, 단기적 반등이 아닌 근본적인 주가반등을 노리고 역발상적으로 매수매도하는 것이다. 즉, 잦은 매수매도를 통해 투자성공률 하락과 거래비용 증대라는 이중의 덫에 빠지는 대신, 대중이 장기평균을 보지 못하고 단기편향적인 태도로 특정 주식이나 주식시장에 대해서 매도의 극단이라고 볼 수 있는 범위에 왔을 때 매수를 시작하고, 대중이 매수의 극단이라고 볼 수 있는 범위에 왔을 때 매도를 시작하는 것이다.

결론적으로 이상의 설명과 같이, 장기 평균(평균회귀의 법칙)을 고려하여 단기변동성에 대응하는 역발상투자자는 저평가주, 소외된 가치주에(저 PER, 저 PBR, 저 PCR 등) 투자함으로써 높은 수익률을 올릴 수 있다. 즉, 역발상투자는 주식시장 전체와 특정 업종, 특정 기업들의 고평가와 저평가 상태를 중장기적으로 순환하면서 반복적으로 초과수익률을 낼 수 있는 방법론이다.

군중투자자들의 욕망과 열기가 달아오르면 주식시장, 특정 업종, 특정 기업들의 주가가 투자대상의 펀더멘털 수준 수익률(장기 실적성장률 및 장기수익률)을 초과하는 속도로 상승하는데, 반대로 두려움과 공포심이 가득해지면 투자대상의 주가는 급락하게 된다. 이때 역발상투자자는 펀더멘털을 초과하는 속도로 주가가 상승하는 투자대상들은(일시적으로 고 PER, 고 PBR, 고 PCR 등) 군중심리가 극에 달할 때 분할매도를 시작하고, 펀더멘털을 초과한 주가상승분을 반납하는 과정에서 주가가 급락하는 투자대상들은(일시적으로 저 PER, 저 PBR, 저 PCR 등) 군중심리가 극에 달할 때 분할매수를 시작한다. 전망이 좋지 않은 종목들과 업종들에 대해서 과잉반응(과잉매도)하는 군중투자자들의 습성과 전망이 좋은 종목들과 업종들에 대해서 과잉반응(과잉매수)하는 군중투자자들의 습성이, 바로 역발상투자의 실용적인 효용을 극대화하는 확실한 요인이 되는 것이다.

4. 심층 검토한 선행적 투자

앞서 역발상 투자를 잘 드러내고 이해할 수 있는 중요한 특징들을 대체로 다루었지만 몇 가지 특징을 추가함으로써 마무리하고자 한다.

"역발상투자는 중론(衆論)에 무조건적으로 찬성하는 대신에 사실에 바탕한 독립적 사고의 결과를 중시하며, 추세가 아직 갖추어지지 않았을 때(추세가 이미 갖추어지고 나면 충분한 수익을 확보할 수 없다) 객관적이고 통계적 확률에 따라 선행적으로 투자하는 전략이며, 지속적으로 따라야 할 중장기 투자 방법론이다."

사실에 바탕한 독립적 사고

군중들이 사실조사에 힘쓰지 않고 공적인 보고, 발표나 다수의 의견에 쉽게 동조하고 휩쓸리는 반면에 역발상투자자는 공적이거나 다수가 주장하는 의견에 맹목적으로 동조하지 않고, 사실들을 수집, 조사하여 독립적으로 판단한다. 대세가 된 의견에 대해서 제로베이스로 생각하고, 사실에 근거하여 생각하고, 그 의견의 이해관계와 반대 입장에서 생각해 보는 등 다양한 사고를 하는 것은 매우 현명한 일이다.

반대로 명백히 드러난 통계적 사실, 역사적인 순환흐름 등을 파악하지도, 알지도 못하고 공적인 의견이나 다수의 의견에 자신도 모르게 따라가는 것은 정말 위험한 일이다. (마치 절벽으로 떨어지는 레밍의 무리처럼 한 치 앞 절벽을 보지 못하고 앞서 가는 레밍만 따라갈 뿐이다)

역발상투자자는 사실을 중시하고 군중은 의견에 동조된다고(의견을 중시하는 것이 아니라, 부지불식간에 동조되는 것) 했는데, 사실과 의견을 잘 구분하는 것도 중요하다. 기업의 **IR**자료에서 내년, 삼 년 후 등 가깝거나 먼 미래 실적을 제시하는 부분은 사실인가 의견인가? 그것은 절대로 사실이 아니라 의견일 뿐이다. 다음으로 최근 수익이 감소하고 손실이 났는데, 손실의 원인으로 회사 외부 요인들을 나열하는 경영진의 인터뷰 내용이나 사업보고서 상의 보고내용은 사실인가 의견인가? 손실이 난 것은 분명하고 당연하게 사실이다. 하지만 그 원인으로 지목된 회사 외부 요인들은 의견으로 보는 것이 맞다. 만

약 회사의 펀더멘털이 악화되었는데 단순히 회사 외부 조건들을 나열하는 것은 투자자를 속이는 잘못된 의견이며(사실에 근거하지 않고 설득을 하기 위한 의견) 만약 실제로 회사 외부 조건들이 실적 악화의 직접적인 원인이고 외부 조건들이 변하는 과정에서 수익이 회복될 것이 분명하다면 바른(사실 자체는 아니지만, 사실에 근거한 의견) 의견이다.

■ 추세 이전의 선행적 투자

　한편, 군중투자자들은 추세가 갖추어지면 질수록 더욱 확신을 갖고 투자의사결정을 한다. 주가가 하락하면 할수록 더욱 주식시장이나 종목들에 자신이 없어지고 두려움과 공포가 자라나면서 매도행위 및 매도욕구가 증가하고, 주가의 하락이 극에 달했을 때 군중의 대부분이 견디지 못하고 주식을 던진다. 바꾸어 말하면 하락할수록 손실을 확정하고 싶어 하고 거의 다 하락했을 때 매도를 완료하는 어리석음을 범한다.

　반대로 주가가 상승하면 할수록 더욱 주식시장이나 종목들에 확신과 자신감이 생기고 과도한 욕심이 슬금슬금 자라나면서 매수행위 및 매수욕구가 증가하고, 주가의 상승속도가 최고조에 이르렀을 때 군중의 대부분이 매수에 가담하며, 이때 부채를 끌어서 매수하는 투자자의 비율도 매우 높아진다. 즉, 상승할수록 기대손실률을(주가가 비싸질수록 향후 기대손실률이 매우 커진다) 키우는 매수행위를 하고 거의 고점에 도달할 즈음에 풀 배팅 매수를 하는 어리석음을 범한다.

　이에 반해 역발상투자자들은 명확한 추세에 동행하여 투자의사결정을 하는 어리석음에 절대로 빠지지 않는다. 추세의 형성과정을 보면, 우선 일정한 투자포지션(매수나 매도)이 형성되고 그 포지션이 점차 강화되어 군중투자자들이 대거 몰려들면서 추세를 완성한다고 볼 수 있다. 이미 강한 상승세를 보인 주식이나 상품을 매수하는 것은 군중의 행동이며 이는 역발상투자자의 행동이 아니다. 이미 가파른 하락세를 보인 주식이나 상품을 매도하는 것 역시 군중의 행동이며 역발상투자자와는 거리가 멀다.

역발상투자자는 기존의 추세가 극에 달할수록 반대 포지션의 투자의사결정을 부분적으로 시작한다. 주가의 강한 상승세에서 분할매도를 실시하며 주가가 천정 부근에서 추세가 사라졌을 때(일정한 추세가 없을 때) 매도를 가속화하며, 주가의 급한 하락세에서 분할매수를 실시하고 주가가 바닥 부근에서 추세가 사라졌을 때(일정한 추세가 없을 때) 매수를 가속화한다.

역발상투자자라고 해도 주식시장의 비이성적인 특성상 바닥과 천장의 정확한 지점(주가의 위치)은 절대로 알 수가 없다. 군중심리에 의해 제 가치보다 훨씬 높은 주가로 치솟을 수도 있고 제 가치보다 형편없는 수준으로 주가가 하락할 수도 있기 때문이다. 비유하자면 대략 풍선이 터지는 시기가 멀지 않았다는 것만 확실할 뿐(주식시장의 중기적인 등락 사이클은 3~4년이며, 그 안에 고점과 저점을 모두 지나가는 편이다), 그 동안 풍선이 어디까지 커질지 얼마나 쪼그라들지 알기는 힘들다.

그렇기 때문에 역발상투자자는 추세가 극도로 강화되고 있을 때 추세에 반대되는 투자의사결정을 부분적으로(분할매도, 분할매수) 실행하며, 추세의 전환을 앞두고 일시적으로 추세가 사라졌을 때 투자의사결정을(매도, 매수) 가속화한다. 이윽고 추세가 전환되었을 때에는 마지막 마무리(마지막 매수매도 포지션의 투입)를 하는 것이다. 즉, 역발상투자자는 예측을 하지 않고, 장기적인 관점에서 업종, 기업의 실적

통계와 거시경제의 순환통계를 가지고, 추세를 선행하여 투자한다.
(만약 신이 예측할 수 있다면 상승장에서는 레버리지 투자를, 하락장에서는 공매도를 할 것이지만, 예측은 애초에 불가능하다)

■ 역발상 전략의 장기적 고수

 이상 여러 가지 측면에서 역발상 투자의 특징을 정리했는데, 역발상 투자로 성공하기 위해서 반드시 알아야 할 특징이 하나 더 있다. 그것은 충분히 검토한 역발상투자전략을 중장기적으로 지켜내야만 낮은 리스크와 높은 수익률이 보장된다는 것이다.

 주식시장의 단기적인 모습(혹은 현상)은 전혀 합리적으로 움직이지 않는다. 반대로 장기적인 주식시장의 흐름은 합리적으로 꾸준히 상승한다. (경제가 성장하는 한, 기업들이 이익을 추구하는 한, 주식이 기업의 소유권임에 변함이 없는 한, 이는 지극히 당연한 일이다) 원칙에 맞는 투자전략을 사용했을 때 주식시장에서 중장기적으로 반드시 높은 수익률을 낼 수가 있다. 하지만 일주일, 한 달, 반 년, 1년 정도의 짧은 기간 동안 주식시장의 모습은 그야말로 상상초월, 예측불허에 가깝다. 그러므로 중장기적으로 유효한 훌륭한 투자전략을 사용한다고 하면서, 일주일에서 1년 정도의 짧은 기간 동안 수익률이 좋지 않다고 해서 투자전략 자체를 버리거나 자꾸 바꾸거나 하는 행위는 정말 어리석은 행위이다.

 일주일, 한 달, 반 년, 1년의 수익률이 확실한 것은 주식도 부동산도 금도 원자재도 아니다. 바로 복리수익률이 인플레이션보다도 못한 예금자산이다. 워렌 버핏의 말을 빌리자면, 단기적으로 꾸준하지만 장기적으로 낮은 복리수익률을 주는 자산과, 단기적으로 들쑥날쑥하지만 장기적으로 높은 복리수익률을 주는 자산 중에서 무조건

후자를 택한다고 했다.

주식투자는 장기적으로 최대의 누적수익률을 올리고 자산을 극대화하기 위해 하는 것이다. 단기적으로 평가수익률이 달라지는 것에 겁을 집어먹어서는 곤란하다. 역발상투자의 소중한 열매, 주기적으로 시장이 요동칠 때 높은 추가수익률을 얻고 장기적으로 높은 누적수익률을 얻기 위해서는, 단기적으로 주가변동성이 올 수 있고 성과수치가 당연히 들쑥날쑥할 수 있다는 것을 이해해야 한다.

목표는 중장기 누적수익률이고, 과제는 역발상투자전략의 장기적인 고수이며, 전제는 역발상투자가 왜 비이성적인 주식시장과 군중투자자들을 넘어서서 훌륭한 투자전략인지 잘 이해하고 확신하는 것이다.

2장. 가치투자와 역발상투자의 전제

1. 가치투자와 역발상투자

　가치투자자를 가장 간단하게 정리하자면 주식의 가치 대비 싸게 매수하고 주식의 가치 대비 비싸게 매도하거나, 장기복리수익률이 좋은 우량주식의 가치 대비 싸게 매수해서 장기적으로(혹은 반영구적으로) 보유하는 것이다.

■ 가치투자의 수익구조

여기에서 가치투자자들이 수익을 낼 수 있는 기본적인 전제를 알 수 있다. 바로 투자대상(여기서는 주식)의 현재 가격이 투자대상의 본질적인 가치보다 높거나 낮을 수 있다는 것이다. 주식을 예로 들면 몇 달 만에 수십 퍼센트나 상승하기도 하고 하락하기도 한다. 테마주나 작전주 말고 일반적인 주식들마저 그렇다는 것이며, 테마주나 작전주는 몇 백 퍼센트 상승했다가 이내 상승분 전체를 반납하기도 한다.

그런데 해당 기업의 주식가치가(기업 소유권) 몇 달 만에 수십 퍼센트씩 바뀐다는 것이 상식적으로 말이 될까? 운동선수의 운동능력, 학생의 공부능력과 기업의 경영능력은 모두 본질적으로 유사한 특징을 지닌다. 모두 나름대로는 최선을 다하면서 자기가 속한 영역에서 성과를 잘 내려고 하며, 현실적으로 그 성과는 대체로 꾸준한 범위 내에 있다. 또한 자기가 속한 영역에서 상대적인 순위비율 역시 일정한 범위 내에 있으며, 경쟁자들 대비 노력이 더욱 큰 경우 서서히 그 범위가 움직인다. 단기적으로 성과가 들쑥날쑥할 수도 있지만 일시적으로 들쑥날쑥한 성적이 학생의 평균성적을 말하는 것도 아니고, 그러한 기록이 운동선수의 평균성적을 말하는 것도 아니고, 그러한 실적이 기업의 본질적인 이익창출력을 말하는 것도 아니다.

즉, 기업의 이익창출력은 큰 틀에서 초장기적으로 성장과 성숙의 기업수명사이클을 타고 움직이지만, 몇 년 단위 내에서는 대체로 일시적인 이익변동이 있을 뿐이다.

게다가 주식시장이 놀라운 것은 일시적인 이익변동에 반응하여 일시적으로 수십 퍼센트씩 상승하락하는 것은 물론이고, 이익변동이 전혀 없을 때조차 특정 산업과 기업에 대한 우려 섞인 루머, 이익과 상관없는 악성 기사 등에 반응하여 수십 퍼센트씩 하락하기도 하는 것이다.

그러므로 가치투자자들은 기업들의 현재 주가가 기업들의 본질적인 가치보다 현저하게 낮을 때 매수하여 가치 대비 비싸게 매도하거나, 장기복리수익률이 좋은 우량주식을 본질적인 가치 대비 싸게 매수해서 반영구적으로 보유할 수 있는 것이다. 가치투자전략은 기본적으로 역발상 투자전략과 여러 개념들을 공유하고 있으며, 이익을 낼 수 있는 구조와 매수하고 매도하는 시기 등에 있어서 서로 닮은 구석이 많다. 가치투자도 역발상투자와 같이, 주식이 소외되었을 때 싸게 투자해서 크게 관심을 받고 있어 비싸졌을 때 매도한다.

첨언하자면 가치투자와 역발상투자는 매우 가까운 투자전략이며 함께 혼용해서 쓸 수 있고, 함께 사용했을 때 상호보완적인 성격으로 성과가 매우 탁월해진다. (숫자와 계산, 심리의 역행 등이 종합적으로 고려된 종합 전략이다)

위에서 주가의 변동을 이용하여 싸게 사서 비싸게 파는 것을 가치투자 전략의 일부로 설명했다. 기업의 소유권인 주식의 가치는 단기적으로 빨리 변하지 않지만 주식의 가격인 주가는 단기적으로 빨리 변하기 때문에 가능한 일이다. 여기서 독자들이 알 필요가 있는 한 가지 사실을(이론이 아니라 사실이다) 추가로 설명하고 지나가고자 한다.

■ 주가변동성은 위험이 아니다

주가변동성은 손실 리스크가 아니라(그것과는 전혀 무관) 저가에 매수하고 고가에 매도할 수 있는 기회이다.

그러므로 효율적 시장가설과 현대 포트폴리오 이론 등 학문으로서의 경영학에서 주가변동성을 리스크로 보고, 주가변동성의 정도를 베타로 표현하여, 주식의 가치를 계산할 때 할인율 요소에 베타를 집어넣는 것은 틀렸다. (필자가 '정확하지 않다, 문제가 있다'고 표현하는 대신 '틀렸다'고 강하게 말할 때는 확실하게 틀린 경우에 해당한다)

참고로 특정 주식의 베타 수치가 1.0 이상이라는 뜻은 주식시장의 주가변동성보다(주가등락의 폭) 개별 주식이 더욱 민감하게 주가가 변동한다는 뜻이며, 베타 수치가 1.0 미만이면 주식시장의 주가변동성보다 둔감한 주가변동성을 보인다는 뜻이다. 이러한 베타는 학문적인 리스크 개념일 뿐, 현실 투자 세계에서 투자 리스크와는 전혀 무관하다.

왜냐하면 본질적인 이익창출능력이 아닌 단기 실적등락이나 실적과 관련조차 없는 악재로 인한 주가등락폭이 상당하다고 앞서 설명한 바와 같이, 주가변동성은 해당 종목의 본질적인 리스크와 거리가 멀다. 그렇기 때문에 특정 종목의 베타를 할인율 산정 요소로 쓸 수는 없는 것이다.

어떤 기업의 주가가 더 많이 상승할수록 위험한 주식이 되고 주가가 별로 오르지 않고 일정하게 유지되었다고 안전한 주식이 되는 것은 그야말로 난센스다. 장기 주가상승률이 높지만 경기호불황에 따라 주가등락률이 큰 기업보다, 경기호불황에 따른 주가등락폭이 적지만 장기 주가상승률이 인플레이션보다 못한 기업이 안전한 주식이라는 것도 똑같은 난센스다. 두 경우 모두 단기적으로 주가변동성이 높은 기업이 위험하다고 말하는 것은 주식투자의 펀더멘털에 대해서 전혀 알지 못하는 무지한 의견이다.

그것은 국내 주식시장의 주기적인 위기(급락, 폭락)가 와서 경기민감업종 내 우량기업들의 주가가 크게 하락했을 때마다(내린 만큼에 해당하는 회복과 회복기간 동안 기업가치상승률만큼 추가적으로 상승할 시점에서), 해당 종목들이 저평가되면 저평가될수록 더더욱 투자해서는 안 되는 위험한 종목들이라고 목소리 높여 말하는 것과 같다. 그야말로 유력한 수익기회를 앞은 채로 멀뚱하게 날려버리라는 말이다.

또한 어떤 업종, 어떤 기업의 과거 주가변동성과 향후 주가변동성 간에는 유의미한 상관관계가 없기 때문에(과거 1년, 2년 주가변동성이 컸던 기업의 향후 주가변동성이 커야할 이유가 없다), 과거 주가변동성 수치로 미래 주가변동성을 추정할 수 없으므로, 더더욱 베타는 기업의 본질가치(기업의 본질적인 향후 이익창출능력)를 산정하기 위한 할인율에 포함될 수 없다.

당연히 필자를 비롯한 국내 가치투자 전문가들은 물론, 더 나아가서 글로벌 투자 역사 차원에서 워렌 버핏이나 필립 피셔, 존 템플턴, 데이비드 드레먼 등 그 어떤 가치투자 대가, 역발상투자 대가도 베타를 적정주가를 산정하는 공식 요소로 사용하거나 활용한 적이 없다.

■ 진정한 위험이란

그렇다면 실제 투자대상의 손실리스크는 무엇일까?

실제 투자대상의 손실리스크 중 첫 번째는 장기적으로 인플레이션 대비 손실가능성과 손실의 정도라고 할 수 있다.

장기복리수익률이 낮은 1금융권 단기 예금의 경우, 그 존재 자체가 연평균 인플레이션 대비 손실의 리스크를 갖고 있기에, 실제로 중장기 투자에 있어서 손실리스크가 높은 상품이라고 할 수 있다. 그리고 지금 고평가되어 있어 현재 주가에 매수했을 때 향후 기대수익률이 낮은 주식의 경우에도, 중장기적으로 확실한 주가하락이 예상되어 손실리스크를 갖고 있다. 애초에 장기수익률이 인플레이션보다 뒤지거나, 인플레이션을 초과하는 장기수익률이 기대될지라도 애초에 고평가된 가격으로 매수할 경우 등, 두 가지 모두 결과적으로 인플레이션 대비 뒤쳐지는 장기수익률(심지어는 손실)이 확실한 경우이다.

실제 투자대상의 손실리스크 중 두 번째는 산업과 기업 고유의 리스크이다. 주식이 과열되거나 고평가되지 않았을 때 매수했을지라도, 해당 기업이나 기업이 속한 산업에서 향후 지속적인 이익창출 능력에 문제가 되는(업종과 기업의 단순 업황순환, 실적순환과는 다른 차원의 예외적인 펀더멘털 훼손) 사건이 발생한 경우, 주식의 본질적 가치(향후 이익창출능력) 자체가 하락하기 때문이다. 이런 예외적인 경우에는 때에 따라서 저평가 상태에서 매수했을지라도 결과적으로 펀더멘털 훼손사건 이후 고평가가 되어버릴 수도(주가가 추가적으로 하락하는 것이 당연할 수도) 있다.

결론적으로 단순한 주가변동성은 해당 업종과 주식의 손실리스크와는 상관이 없으며, 가장 중요한 것은 주식의 장기 가치상승률, 장기 주가상승률이다. 장기상승률이 높은 주식의 단기변동성이 높을 경우, 가치투자자와 역발상투자자에게는 주기적인 매수매도를 통해 초과수익률만 잔뜩 안겨주는 기회일 뿐이다.

■ 가치지표의 필요성

역발상투자의 전략과 태도를 활용하되, 실제로 특정 종목들을 편안하고 효과적으로 매수매도하기 위해서는 최소한 가치지표들의 의미를 알고 활용할 수 있어야 한다. 가치지표 상으로 저평가된 산업과 기업들에 역발상투자를 함으로써 가치투자에 기반한 역발상투자를 쓸 수 있기 때문이다.

예를 들면 주당 당기순이익 대비 주가를 비교하는 **PER**, 주당 순자산(자본총계) 대비 주가를 비교하는 **PBR**, 주당 현금흐름 대비 주가를 비교하는 **PCR**, 주당 매출액 대비 주가를 비교하는 **PSR** 등 가장 기초적인 가치지표들을 들 수 있다. 특정 기업의 위 가치지표들이 주식시장 평균 수치, 동종 산업 내 경쟁사들의 수치, 같은 기업의 과거 수치 등과 비교해서 낮을 경우 아주 기본적인 의미에서 주가가 비싸지 않고 싸다고 이야기하는 것이며, 반대로 높을 경우 아주 기본적인 의미에서 주가가 싸지 않고 비싸다고 이야기하는 것이다.

가치투자의 기본인 가치지표들을 활용해서 역발상투자를 한다는 것은 시장에서 인기가 과열된 고평가 기업들은 매도하거나(저평가 상태에서 매수해서 보유해온 경우) 애초에 관심을 갖지 않고, 시장에서 소외되어 저평가된 기업들은 매수한다는 것을 말한다. 오랜 금융역사 전체에 걸쳐서 통계적으로 증명되었고, 가치투자체계에 따라 상식적으로 판단해도 당연한 결과로서, 고평가된 주식들은 결국 평균적으로 향후 하락확률 및 하락률이 크고, 저평가된 주식들은 평균적으로 향후 상승확률 및 상승률이 크기 때문에, 가치투자의 기본적인 전략과 역발상투자의 전략, 태도는 상호 시너지를 일으킨다. 기대수익률은 상승시키면서 리스크는 감소시키는 것이다.

(기본 및 응용 수준의 가치지표들을 활용한 역발상투자의 매매전략은 '3장. 역발상투자 전략전술'에서 구체적으로 다룬다)

2. 역발상 투자의 전제

앞서 역발상 투자의 다양한 특징을 살펴보았으니 이제 가치투자 관점을 접목한 역발상 투자의 전제를 살펴보자.

■ 가치 관점의 역발상투자 전제

우선 역발상 투자의(가치투자 관점에서) 대표적인 전제조건들은 좋은 종목을 싸게 매수하는 것이고, 한 종목이 아니라 다수의 종목에 분산투자하는 것이고, 매수와 매도를 나누어 하는 것이다.

우선, 평균보다 우량한 종목들을 그 가치에 비해서 싸게 매수하거나, 평균적인 종목들을 싸게 매수하거나, 평균 이하의 종목들을 아주 헐값에 매수하지 않으면 중장기적으로 확실하게 수익이 날 수는 없다. (반대로 그렇게 투자하면 확실하게 수익이 난다는 것이다)

또한 주식시장에서 소외되어(군중심리의 외면) 저평가되어 있는 주식들을 매수했다고 해서 그 주식들의 주가가 적정 수준으로 회복하는 시기를 정확히 예측할 수는 없으므로, 다수의 저평가된 주식들에 분산투자를 해야 순차적으로 보유 종목들의 주가가 상승하여 전체 포트폴리오(자산)의 수익률이 꾸준히 상승하게 된다. (그 과정에서 군중투자자들의 열광으로 고평가된 종목들을 매도하고, 아직 소외된 주식들의 비중을 높임으로써 비중조절을 통한 초과수익률도 발생한다)

다수의 종목에 분산투자함으로써 특정 종목이 빨리 주가가 회복하고 다른 종목이 주가가 느리게 회복하는 부분을 어느 정도 해소할 수 있지만, 여전히 한 가지 이슈가 더 있다. 그것은 시장에서 소외되고 저평가되었다고 판단되는 주식들이 일시적으로 시장에서 더욱 소외되고 더욱 저평가될 수 있다는 점이다. 사실 이 부분은 가치투자와 역발상투자의 관점에서 전혀 문제가 되지 않지만(주가가 일시적으로 추가 하락할지라도, 그 종목의 적정한 주가수준과 매수한 주가 대비 기대수익률에는 전혀 변화가 없으므로), 일시적으로 감소한 평가수익률 혹은 일시적으로 발생한 평가손실률에 심리적으로 영향을 받는 아마추어투자자들의 경우에는 인내심 부족, 불안감 등의 심리적 동요를 겪을 수 있다. 그런 경우에도 보다 전략적으로 결점이 없이 투자를 진행하기 위해서는 한 종목 한 종목에 대해서 분할매수, 분할매도를 할 필요가 있다.

왜냐하면 군중투자자와 투자심리 측면에서 충분히 소외되었고 아주 저평가되었다고 판단되는 주식들이라고 할지라도 추가적으로 소외되고 주가가 내려갈 수 있고, 이 경우 주가하락이 위험한 것은 아니지만 분할매수를 할 경우 최초 매수한 낮은 주가보다도 더 낮은 주가로 매수할 기회가 발생한다는 장점이 있기 때문이다.

시장의 비이성은 비단 저평가된 종목들에 해당되는 것만이 아니라 고평가된 종목들에 대해서도 마찬가지이다. 즉, 주식시장에서 충분히 과열되었고 아주 고평가되었다고 판단되는 주식들이라고 할지라도 추가적으로 과열되고 주가가 상승할 수 있고, 이 경우 주가상승은 안전하지 않은 거품에 해당하지만 분할매도를 할 경우 더 높은 주가로 매도할(이때 매수하는 마지막 군중들은 큰 손실을 보겠지만) 기회가 발생한다.

■ 또 하나의 전제, 펀더멘털

군중심리가 열광하는 곳을 피해서 소외되고 저평가된 주식을 매수한다는 역발상 투자의 기본적인 전제를 보완하는 또 하나의 전제가 있다.

그것은 기업의 펀더멘털이다. 앞서 설명했던 것처럼 싸다고 생각해서 매수한 종목의 펀더멘털이 근본적으로 악화되어 매수한 주가보다 그 기업의 가치가(기업의 가치는 지속적인 이익창출능력이다) 떨어지게 되면, 기대했던 수익률이 감소하거나 심지어는 손실이 예상될 수도 있기 때문에, 기업의 펀더멘털은(펀더멘털 손상은 자주 일어나지 않는 예외적인 일이지만) 매우 중요하다.

기업의 펀더멘털은 개괄적으로 개별 기업의 재무손익 능력과 기업이 속한 산업의 근본적인 구조 정도로 볼 수 있다. 우선 기업의 재무제표, 손익계산서 등에 기반한 중장기적인 재무손익 비율 추이, 그러한 비율을 가능하게 하는 기업의 사업구조와 경쟁우위 등을 살펴보는 과정이 있다. 다음으로 산업 내의 시장수요, 경쟁 관계, 기술 변화 등 해당 기업이 이익을 창출하는 데 근본적으로 영향을 끼치는 산업 구조를 (큰 변화가 없는지, 유리하게 변하는지 불리하게 변하는지 등) 분석하는 과정이다.

'4장. 분산투자전략과 기업의 펀더멘털' 부분에서 구체적으로 기업의 펀더멘털을 다룰 예정이다.

이상의 가치투자에 기반을 둔 역발상투자의 전제들은 냉정한 이성으로 감정을 통제할 것을 요구한다.

그러므로 주식시장이 되었든지 개별 업종이나 기업이 되었든 지간에 역발상투자자는 최악의 전망을 보이는 종목들에 투자하고 최고의 전망을 보이는 종목들을 매도하기 위해서, 군중심리로부터 떨어져서 조용히 합리적인 판단을 할 수 있는 곳으로 옮기거나, 투자의사결정을 내릴 때만큼은 정신적으로 감정을 통제하는 노력을 할 필요가 있다. 예를 들면, 감정적인 직관에 반하고 대중적인 관심사에 동요하지 않고 가치투자에 기반하여 역발상적으로 사고하기 위해서, 워렌 버핏은 네브래스카 주의 소도시 오마하, 존 템플턴은 바하마의 수도 낫소에서 거주하면서 오래도록 훌륭한 투자의사결정을 내린 바 있다.

진정한 역발상투자자는 금융기관과 대중적 투자자들의 투자의견, 군중심리의 쏠림현상 등에 영향을 받지 않고, 대중의 관점에서 현재 전망이 가장 좋은 주식에는(전망이 좋을수록 그 전망은 잘 유지되지 않는 편) 관심을 가지지 않고 전망이 최악인 주식에(전망이 나쁠수록 그 전망은 뒤집어질 가능성이 크다) 관심을 가져야 한다.

현재 좋아 보이는 것과 미래에 실제로 좋아지는 것과의 시간차는 주식투자에서만이 아니라 신규 사업 진출, 취직을 고려한 대학 학과의 선택 등 다양한 부문에서 공통으로 존재하는 현상이다. 마치 당시 취업전망이 가장 좋은 학과에 진학한 남성의 경우 4년의 재학기간, 군복무 및 휴학기간 등을 합쳐서 6년 이상이 지나게 되는데, 대학을 졸업할 때에는 이미 해당 직업의 일자리성장률은 감소하고, 그간 타 업종/직무에서 해당 업종/직무로 이직한 경력직들은 증가하며, 관련 학과 졸업생들은 넘쳐나는 등 오히려 취업전망이 나쁜 업종이 되어 버리는 것과 같다.

    대학 졸업시의 취업전망을 생각하면 대학 입학시 입학생들이 대거 몰리는 학과를 피해야 하는 것처럼, 역발상투자 역시 성공적인 투자를 위해서 군중들이 몰리는 주식들을 반드시 피해야 하는 것이다.

3. 역발상 가치투자의 태도

역발상투자로 성공하기 위해서는 그리고 가치투자로 성공하기 위해서는, 양측 모두 역발상 투자의 태도/전략과 가치투자의 원칙들을 따라야 한다.

둘 중 한 가지만 정통해도 주식시장에서 오래도록 꾸준하게 높은 수익을 낼 수 있지만, 둘 다 고려하는 투자자의 경우 주식시장에서보다 더 높은 수익률을 내는 것은 물론이고 리스크도 혁신적으로 감소하기 때문이다.

■ 역발상투자와 가치투자의 시너지

　어떤 가치투자자들은 군중심리와 대중적인 투자의견 자체를 신경쓰지 않고 오로지 좋은 기업을 싸게 사기만 하면 된다고 말하는데, 이는 어차피 표현방식만 다를 뿐 역발상투자 태도와 큰 차이가 없는 것이다. 좋은 기업을 싸게 산다는 것은 군중심리가 우려와 두려움으로 특정 종목을 주식시장에서 소외시키고 있을 때, 대중적인 투자의견이 매도일색일 때 매수해야만 가능한 일이므로, 결과적으로 순수하게 군중심리나 대중적인 투자의견과 무관하다고 보기는 어렵기 때문이다.

　반면에 어떤 역발상투자자들은 기업의 가치를 딱히 보지 않더라도 전체 주식시장에 대한 투자심리가 크게 얼어 있을 때 시장에서 극도로 소외된 주식들을 매수할 경우 투자에 실패할 일은 없다고 말한다. 하지만 이 역시 소외되고 매도 우위인 기업들이 평균적으로 실제 가치보다 주가가 아주 싼 상황에 있기 때문에 투자성공률이 높은 것이라는 점을 살짝 빠뜨리고 있는 것이다.

　즉, 역발상 투자와 가치투자는 서로 사이가 멀지도 않고 서로 상충되어 결합할 수 없는 투자원칙과 전략이 아니다. 서로 유사하고 매우 가까우며, 상호시너지가 나는 투자원칙, 전략론인 것이다.

　한편, 가치투자의 원칙에 기반한 역발상 투자의 방법론을 나누어 보자면, 극도로 소외되고 저평가된 우량주를 한 번 매수한 후 장기

투자하는 방법론도 성공적이고, 극도로 저평가된 평범한 주식들을 분할매수하고 고평가된 주식들을 분할매도하는 등 중기적으로 매매를 순환(반복)하는 방법론도 성공적이다.

역발상투자자라고 해서 꼭 주식시장 등락에 역발상적으로 대응하면서 매수매도를 반복해야만 하는 것이 아니라, 기업의 복리성장률이 어느 정도로 우량한가, 주식시장이 얼마나 주기적으로 변동성이 큰가 등 몇 가지 요소에 따라서 우량주를 매수 후 보유할 수도 있고, 급락장 후반에 분할매수하고 급등장 후반에 분할매도할 수도 있는 것이다.

역발상 가치투자자의 태도

마지막으로 현명한 역발상 가치투자를 하기 위해서는 우선 자신을 이해해야 하며, 나아가서 투자원칙들을 숙고하고 반드시 지켜야 한다.

만족스러운 투자결과를 내기 위해서는 현명한 투자의사결정을 끝까지 고수해야 하며, 현명한 투자의사결정을 내리기 위해서는 좋은 투자방법론과 전략을 가져야 하고, 자신에게 좋은 투자방법론과 전략을 가지기 위해서는 무엇보다 자기자신을 잘 알아야 한다. 즉, 가장 먼저 자기 자신의 장단점을 잘 알아야, 어디까지는 스스로의 노력으로 해결하고 어디서부터는 자신을 믿지 말고 기계적으로 통제, 결정해야 할지를 구분할 수 있게 된다.

극단적으로 단 한 가지의 투자의사결정도 제대로 내릴 수 없는 주식시장 최악의 투자자를 감안하면, 매월 일정 금액을 한국, 개도국, 선진국 등 다양한 주식인덱스펀드에 같은 금액만큼 장기투자하는 편이 낫다. 그래도 정액매입 기간분산 투자전략이면 세계 주식시장의 평균상승률보다 높은 장기수익률이 기대되기 때문이다. (물론 역발상 투자, 가치투자 중 하나라도 익숙하게 알고 활용할 경우 훨씬 압도적인 누적수익률을 기록할 수밖에 없고, 역발상 가치투자를 종합적으로 활용할 경우 누적수익률은 물론 리스크도 혁신적으로 줄일 수 있으므로, 가능하면 공부를 통해 직접투자하는 편이 좋다)

한편, 어떤 세부적인 투자전략과 전술을 사용하는지에 무관하게,

원칙을 고수하는 인내심, 군중에 휩쓸리지 않는 냉정함, 사실을 조사하고 논리적인 결론을 내는 사고의 독립성 등의 자질을 갖출 수 있다면 훌륭한 역발상투자자가 될 수 있을 것이다.

3장. 역발상투자 전략전술

1. 역발상투자 매수전략 개요

역발상 투자의 매수매도 기술에 있어서 가장 기본은 싸게 매수하고 비싸게 매도한다는 것이다. 주가가 천장에 가까워질수록 열광하면서 매수하거나 주가가 바닥에 가까워질수록 두려워하면서 매도하는 군중투자자들과는 반대라고 할 수 있다. 또한 신이 아니라 인간인 이상 어쩔 수 없는 한계가 있다면, 싸게 매수하고 비싸게 매도하고자 할지라도 결코 주가가 가장 높을 때 매도하거나 주가가 가장 낮을 때 매수하지는 못한다는 것이다. 역발상투자자는 최고가를 예측하거나 최저가를 예측할 수 없다는 것을 인정하고, 싸면 매수하고 비싸면 매도한다는(근본적으로 가치투자와 매우 닮아 있으며, 상당한 공통점을 공유) 원칙을 고수한다.

■ 역발상투자 매수신호

역발상투자자의 매수신호는 크게 가치지표적인 것, 기술적인(주가 변동에 대한) 것, 기타 주요 정보에 의한 것 등이 있다. 그리고 이런 요소들 중 어느 하나에만 해당될 때에도 적극적으로 매수해야 하는 것은 아니며, 이런 요소들이 결합되었을 때 보다 강력한 매수신호로 작용한다.

역발상투자자의 매수신호 중 가장 펀더멘털에 가까운 것은 가치지표에 의한 저평가 정도이다. 예를 들면 저 **PER**, 저 **PBR**, 저 **PCR**, 저 **PSR** 등이 가장 쉽고 간단한 사례들이다. 여러 가지 가치지표 기준들 중에서 두 가지 이상이 겹칠 경우 보다 근본적인 역발상투자자의 매수신호가 될 수 있다. 이에 대해서는 바로 다음 챕터인 '2. 역발상투자와 기본적 가치지표'에서 구체적인 내용을 정리한다.

역발상투자자의 매수신호 중 기술적인 것이란 주가하락 정도의 신호를 말한다. 차트의 모양 자체는 주가의 미래에 대해서 전혀 합리적으로 예측해주는 바가 없지만, 현재까지 주가가 얼마나 떨어졌나 혹은 얼마나 올랐는가 등 주가추이를 보고 해당 종목에 대한 군중의 열광과 소외가 어느 정도인지 가늠할 수는 있다.

예를 들면, 최근 1년 이내 최고가에서 50% 이상 하락하는 경우(이와 동시에 최근 1년 이내 신저가에 가까울수록 더욱 좋다) 해당 종목을 기 매수한 군중투자자들이 해당 종목을 비관적으로 생각하고 매도하고 있다고 보아도 좋으므로, 기술적인 매수신호가 될 수 있다. 대중들이 특정 종목에 대해 극도로 낙관적일 때까지 고평가 상태에서 분할매도하며, 특정 종목에 대해 극도로 비관적일 때까지 저평가 상태에서 분할매수하는 것이 역발상투자이기 때문이다.

다만, 최고가 대비 50%, 60%, 70% 등 얼마나 주가가 하락해야 역발상투자자가 관심을 가질 것인지는 근본적으로 큰 차이가 없다. 어차피 이런 종목들은 모두 정도의 차이가 있을 뿐 해당 종목에 대한 군중투자자들의 여론이 좋지 않은 기업들이기 때문이다. 50%가 하락한 종목들은 많을 것이며, 60%나 하락한 종목들은 그보다 적을 것이며 70%나 하락한 종목들은 가장 적을 것이다. 많고 적은 것은 투자매력도가 있는지 여부를 검토할 후보기업군의 양을 결정할 뿐이기(후보기업이 되고 나면 '2부. 4장. 2. 기업의 펀더멘털'에서 설명하는 펀더멘털을 분석) 때문이다.

역발상투자자들은 군중심리가 완전히 소외시키고 있는 종목들, 충분히 주가가 떨어질 만큼 떨어진 종목들에 분산투자하기 때문에 개별 종목들에 대한 투자의사결정이 완벽하지 않다고 할지라도(기업의 경영실적에 대해서 충분히 합리적으로 추정하는 데 실패했다고 할지라도) 매수한 주가보다 중장기적으로 주가가 상승하지 않을 확률이 매우 낮고, 또한 평가손실이 일시적으로 발생한다고 할지라도 손실의 폭이 상대적으로(군중투자자들이 투자한 종목들은 물론, 주식시장 평균보다도) 작을 수밖에 없다.

역발상투자자가 매수를 위한 주요 정보로 여기는 것 중의 하나가 내부자의 순매수이다. 지난 몇 개월간 기업의 내부자들에 의한 주식 순매수가 있을 경우 역발상투자자가 선호하는 매수 신호일 수 있다. 기업의 내부자들은 주로 임원진과 주요 사외이사 등을 의미하며 기업의 경영전략과 업황변화, 주요 계약사항 등을 가장 잘 알고 가장 빨리 알게 되는 사람들이다. 누구에게나 힘들여 벌어온 자신의 돈은 매우 중요하다. 그러므로 내부자들이 적지 않은 규모의 주식을 지속적으로 매수한다는 것은 주가가 오를만한 일이 향후 발생하거나 현재 주가가 기업의 가치에 비해서 너무 싸다는 것을 의미한다.

다수 내부자들의 꾸준하고 큰 규모의 매도는 위와 반대로 기업의 미래에 안 좋은 일이 끼쳤다고 볼 수도 있지만, 한두 명의 내부자들이 주식을 팔고 있을 때는 다양한 개인적 용도로 자금이 필요한 경우가 생각보다 발생하는 편이기 때문에 기업의 미래에 대해서 특별한 정보를 준다고 볼 수 없다.

(내부자의 매수, 내부자의 매도 모두 기업의 펀더멘털 분석 결과와 함께 해석해야 할 것이다)

역발상투자자가 매수를 위해 참조하는 또 다른 주요 정보는 실적 개선을 위한 경영진의 교체이다.

기업이 경영진을(단순히 임원 한 명 정도를 바꾸는 것이 아니라) 교체하는 것은 일반적인 문제보다 훨씬 큰 문제를 해결하려고 하거나, 고질적인 여러 가지 문제를 한꺼번에 해결하기 위한 목적인 경우가 많다.

경영진을 바꾸어야겠다고 내부적으로 결정을 내릴 때까지(쉽고 빠르게 할 수 있는 결정이 아니므로) 증권분석가의 보고서, 언론기사, 심지어는 해당 기업의 사업보고서에도 각종 우울한 수치, 분석, 전망 등이 흔해지며, 중대 결정을 내린 후에도 시간을 두고 천천히 문제가 해결되면서 주가가 반등하는 경우가 많다.

요컨대, 우울한 실적과 전망 속에서 기업이 혁신을 하기 위해 경영진을 교체할 정도로 적극적으로 나설 경우, 최악의 상황에서 저가에 매수할 수 있는 역발상투자자의 매수신호가 될 수 있다.

2. 역발상투자와 기본적 가치지표

역발상투자에서 어떤 주식을 매수할 것인가, 주식을 매수할 때 어떤 조건을 볼 것인가에 대한 모범답안(최종적인 모범답안은 여러 가지를 종합적으로 보는 것) 중 하나는 가치지표의 매력도(얼마나 저평가되어 있는가)를 보는 것이다. 이는 역발상투자가 모멘텀투자와는(소외되고 저평가된 주식이 아니라, 수익과 주가의 방향성, 전망 자체를 중시하는 방법론) 반대의 노선을 택하고 있고, 가치투자와 마찬가지로 주식 역사상 가장 훌륭한 성과를 낸 투자원칙/전략인 점과 연관이 깊다. (군중이 열광하는 곳은 가치지표가 높고, 군중으로부터 소외된 곳은 가치지표가 낮기 때문에, 가치투자와 역발상투자는 분리하기가 어렵다)

단순하면서도 대표적인 가치지표들로 **PER, PBR, PCR, PSR** 등이 있다. 저 **PER**, 저 **PBR**, 저 **PCR**, 저 **PSR** 종목들을 매수할 경우 주식시장 역사상 평균적으로 향후 수년간에 걸쳐서(매수 후 보유 기간을 1년, 2년, 3년, 4년, 5년 등 어떻게 잡든지 간에) 주식시장 전체, 가치지표가 높은 종목들보다(고 PER, 고 PBR, 고 PCR, 고 PSR 등) 수익률이 좋았다. 이는 벤저민 그레이엄, 데이비드 드레먼 등 다양한 투자대가들과 유진 파마를 비롯한 다수의 경영학자들, 그 외 다양한 투자기관 등 투자업계와 경영학계의 수많은 조사결과에서 모두 공통되는 내용이다.

■ 역발상투자와 저 PER 가치지표

역발상 가치투자자가 매매하기 위한 기본적인 가치지표 중에서 우선 저 **PER**을 살펴보자.

PER(Price Earning Ratio)은 현재 주가를 주당순이익으로 나눈 값으로 현재 주가가 이익에 비해 고평가인지 저평가인지를 보여주는 가치평가지표이다.

공식은 아래와 같다.

PER = 주가 ÷ 주당순이익(EPS)

PER은 기업의 가치를 평가할 때 가장 많이 사용되는 일반적인 가치평가지표인데, 가치지표 공식을 계산할 때 기준이 되는 순이익은 최근 분기부터 역순으로 4분기 합산(예를 들어 현재까지 3분기 실적만 나왔다면, 당해년도 3, 2, 1분기와 전년도 4분기 까지)한 수치를 기준으로 한다. ㈜한국주식가치평가원에서 출간하는 책들의 일부에 실린 종목 수치들과 홈페이지에서 한 달에 한 번씩 무료로 제공되는 저 **PER** 종목 등은 모두 이 기준에 의한 것이다. (물론 당기순이익에서 투자자산이나 유형자산의 평가손익, 외환이나 파생상품 관련 손익 등 일시적인 수익은 제외하고 계산하는 편이 더욱 합리적이고 정확하다)

저 **PER** 종목들은 주당순이익 대비 주가가 낮은 종목들이기에, 이익 대비 적정한 주가 수준으로 주가도 상승했을뿐 아니라, 주당순이익의 일부가 주당배당금으로 지급되므로 대체로 배당수익률이 높았다. 저 **PER** 주식들은 이미 여러 차례의 실적악화 혹은 악재를 거쳐 오는 과정에서 주가가 저평가되었으므로 추가적인 주가하락 요소가 (더욱 거센 실적악화와 더욱 심한 악재 등) 별로 없다. 저 **PER** 주식에 투자하는 역발상투자자들은 인내심을 발휘하는 대신에 높은 수익률을 받아간다.

저 **PER**의 기준은 여러 단계에 걸치는데, 가장 단순한 것부터 정리한다. 주식시장의 장기평균 **PER**보다 낮은 수치, 즉 우리나라의 경우 10보다 낮은 **PER**이면 기본적으로 높은 편은 아니라고 할 수 있다. 다음으로 주식이 속한 업종의 평균 **PER**보다 낮거나 같은 업종에 속한 경쟁사들의 **PER**보다 낮을 경우 싸다고 할 수 있다. 그리고 해당 기업의 과거 **PER**(이를테면 과거 5년간)과 비교해서 현재의 **PER**이 가장 낮거나 상당히 낮은 편이라면 역시 저평가되었다고 볼 수 있다.

■ 역발상투자와 저 PBR 가치지표

다음으로 저 **PBR** 역발상투자를 살펴보자.

PBR(Price Bookvalue Ratio)은 주가를 주당순자산으로 나눈 값이며, 기초적인 의미로 현재 주가가 순자산에 비해 고평가인지 저평가인지를 보여주는 가치평가지표이다.

공식은 아래와 같다.

PBR = 주가 ÷ 주당순자산(BPS)

PBR은 **PER**과 함께 가장 많이 사용되는 가치평가지표이다.

가치지표 공식을 계산할 때 기준이 되는 자본총계(순자산)는 최근 분기의 수치를 기준으로 한다. ㈜한국주식가치평가원에서 출간하는 책들의 일부에 실린 종목 수치들과 홈페이지에서 한 달에 한 번씩 무료로 제공되는 저 **PBR** 종목 등은 모두 이 기준에 의한 것이다.

저 **PBR** 주식들은 자본총계 금액에 비해서 주가가 낮은 종목으로, 이렇게 저평가되는 이유는 자본의 수익성이(자본수익률, ROE) 떨어지기 때문이다. 실적이 악화된 나머지 자본의 수익성이 떨어지고 그 결과 저 **PBR** 종목이 되었기 때문에 기본적으로 해당 기업에 대한 주식시장의 기대치가 낮다.

회복가능한 일시적 실적악화를 겪는 저 **PBR** 주식에 투자하는 역발상투자자들은 결과적으로 높은 수익률을 받아간다. (재무적인 안정성과 기본적인 사업지속성을 충분히 검토했을 경우, 심지어 손실을 내고 있는 기업들이 극심하게 낮은 PBR에 처해 있다면 더욱 높은 수익률을 올릴 수 있는 경우가 많다)

저 **PBR**의 기준 역시 여러 단계에 걸치는데, 가장 단순한 것부터 정리한다. 수익창출력이 주식시장 평균 이상인 기업이(예를 들면 중장기 평균 ROE가 10% 전후) 자본총계와 똑같은 시가총액을 보이는 경우, 즉 **PBR**이 1.0 미만일 경우 아주 기초적인 의미에서 고평가되지 않았다고 할 수 있다. (하지만 수익성이 낮은 기업일 경우 PBR 수치만으로 저평가 여부를 판단하려면 0.5 이하인 편이 안전하다)

다음으로 주식이 속한 업종의 평균 **PBR**보다 낮거나 같은 업종에 속한 경쟁사들의 **PBR**보다 낮을 경우 싸다고 할 수 있다. 마지막으로 해당 기업의 과거 **PBR**(이를테면 과거 5년간)과 비교해서 현재의 **PBR**이 가장 낮거나 상당히 낮은 편이라면 역시 저평가되었다고 볼 수 있다. 다만, 일시적으로 악화된 기업의 실적이 정상 수준으로 회복되면, 기업의 자본수익률(ROE)이 과거 중장기 평균 자본수익률(ROE) 수준으로 회복할 수 있을지 충분히 검토해야 한다.

■ 역발상투자와 저 PCR 가치지표

역발상 가치투자자가 매매하기 위한 가치지표 중에서 저 **PER**과 한 쌍을 이루는(보완하는) 가치 기준으로 저 **PCR**이 있다.

PCR(Price Cashflow Ratio)은 주가를 주당현금흐름으로 나눈 값으로 현재 주가가 영업활동 현금흐름에 비해 고평가인지 저평가인지를 보여주는 가치평가지표이다.

공식은 아래와 같다.

PCR = 주가 ÷ 주당현금흐름(CPS)

PCR 지표는 주로 **PER** 지표의 보완지표로 사용된다. (기준이 되는 현금흐름은 PER과 마찬가지로 최근 분기부터 역순으로 4분기 합산 수치를 기준으로 한다)

PCR을 보완지표를 사용하는 이유는, **PER**의 이익 요소가 발생주의(현금유입이 없는 수익과 비용도 인식하는) 기준의 당기순이익인데 비해서, **PCR**의 요소가 현금주의(실제로 현금이 유입된 수익과 유출된 비용만 인식하는) 기준의 영업현금흐름이므로, 실제로 기업에 현금흐름이 원활한지(현금흐름이 지속적으로 악화되면 부도를 맞을 수 있음) 여부를 파악할 수 있기 때문이다. 지속적으로 현금흐름이 유입되는 기업은 신규 사업이나 인수합병에 쓸 자금으로 사용하거나, 배당금을 원활하게 지급하거나, 자사주를 매입하는 데 있어서 별다른 어려움이 없기 때문에 현금흐름이 좋지 못한 기업보다(이런 기업들은 돈을 벌기는커녕 추가자본이 끝없이 필요) 안전하다고 볼 수 있다.

PCR 가치지표의 의미를 설명하자면, 당기순이익에 비해서 현금흐름이 아주 좋지 않은 기업의 경우 PER은 낮지만 PCR은 높을 수 있다.

PCR 지표는 PER 지표의 보완지표로 사용되므로, PCR 지표를 통해 저평가 여부를 판단하기 위해서는 우선 PER 지표로 앞서 설명했던 기준들을 통과한 기업들에 한하여, PCR 역시 동종업종 경쟁사들 대비 낮은 편인지, 과거 해당 기업의 중장기 평균 PCR 대비 현재 PCR이 상당히 낮은 편인지 등을 검토하면 된다. 실제 현금흐름이 좋아야 배당도 원활하게 할 수 있으므로, 저 PCR 종목들 역시 배당수익률이 좋은 편이다.

■ 역발상투자와 저 PSR 가치지표

마지막으로 저 **PSR** 역발상투자에 대해서 알아보자.

PSR(Price Sales(Selling) Ratio)은 주가를 주당매출액으로 나눈 값으로 현재 주가가 매출액에 비해 고평가인지 저평가인지를 보여주는 가치평가지표이다.

공식은 아래와 같다.

PSR = 주가 ÷ 주당매출액(SPS)

PSR은 도입기, 경기변동형 기업 등 이익이 없거나 급변하는 기업들의 가치를 평가할 때 때때로 사용된다.

가치지표 공식을 계산할 때 기준이 되는 매출액은 최근 분기부터 역순으로 4분기 합산(PER, PCR과 동일)한 수치를 기준으로 한다. ㈜한국주식가치평가원에서 출간하는 책들의 일부에 실린 종목 수치들과 홈페이지에서 한 달에 한 번씩 무료로 제공되는 저 **PSR** 종목 등은 모두 이 기준에 의한 것이다.

주식의 가치를 가늠하는 가치지표의 기준을 매출액으로 한 것은 두 가지 의미에서 중요한 의미를 지닌다. 매출액이 감소하면서 고 **PSR**이 되는 경우 어떤 식으로도 장기적으로 이익이 증가하기 어렵고(매출이 증가하지 못하고 비용절감으로 이익을 늘리는 것은 임시방편일 뿐) 그러므로 주가가 떨어졌으면 떨어졌지 상승하기 어렵기 때문이다. 단기적으로야 증감하더라도 어떻게든 중장기적으로는 매출액이 증가해야만 하는 것이다.

또한 매출액은 이익에 비해서 상대적으로 변동성이 적으며 조작하기기 까다롭다. 비용처리 시점과 비용처리 방식에 따라서 이익은 어느 정도 조작할 수 있고, 업황침체기에는 매출액이 줄고 비용은 그에 비해 감소하지 않기 때문에 이익이 급감한다. 하지만 매출액은 이익처럼 쉽게 조작할 수도 없고 또한 업황이 등락할 때 손익과 관련된 계정 중에서 가장 변동성이 적은 편이다. 그러므로 매출액을 기준으로 가치지표를 산정하면 그 수치를 비교적 기준으로 삼을 만하다.

한편, 저 PSR 종목의 조건은 시장 평균과 비교하는 것이 아니라, 오직 그 기업의 과거 PSR 수치와 비교하거나, 조금 넓은 범위로는 동종업종 경쟁사들의 PSR과 비교할 수 있다. 시장 평균이 의미가 없는 이유는, 매출액순이익률(마진율)이 낮은 기업들은 원래 PSR이 평균보다 낮은 것이 정상이고(저평가된 것이 아니라), 매출액순이익률(마진율)이 높은 기업들은 원래 PSR이 평균보다 높은 것이 정상이기(고평가된 것이 아니라) 때문이다. 즉, 매출액순이익률의 범위가 유사한 동종업종의 경쟁사들과 비교해서 대략적으로 저평가되었는지를 알 수 있고, 보다 정확하게는 해당 기업의 과거 5년 이상 평균적인 PSR 수치와 비교해서 현재의 PSR이 더욱 낮으면 저평가되었다고 볼 수 있다.

저 **PSR** 종목들은 주당매출액 대비 주가가 낮은 종목들이기에, 매출액순이익률이 정상 수준으로 회복될 경우 매출액 대비 적정한 주가 수준으로 주가가 상승한다. 저 **PSR** 주식들은 대개 업황 사이클상 불황기를 거치면서 이익률이 하락하고 주가도 저평가된 경우가 많으므로, 추가적인 주가하락 요소가(더욱 급격한 이익률 하락) 별로 없다. 저 **PSR** 주식에 투자하는 역발상투자자들은 업황 사이클을 기다리는 동안에 높은 수익률을 챙긴다.

이상 간단히 정리한 저 **PER**, 저 **PBR**, 저 **PCR**, 저 **PSR** 등의 조건으로 역발상투자의 가치지표 기준을 검토할 때(최고가 대비 급락, 내부자 매수, 경영진 교체 등과 함께 고려) 그 중 하나의 조건만으로는 투자매력도가 약할 수 있지만, 네 가지 조건을 모두 충족시키는 종목들은 오히려 위험할 수도 있다. 기업이 어떤 기준으로도 최하의 가치지표를 받고 있다면, 해당 기업은 오히려 재무적 안정성과 사업의 지속성이 나쁘지 않은지 주의해야 하며, 기타 대주주가 주주이익에 반하는 정책을 쓰는 등 투자매력도를 크게 떨어뜨리는 점은 없는지 꼼꼼히 살펴보아야 한다.

대체로 가치지표 기준으로 두 가지 내지는 세 가지 정도가 해당하는 종목이라면 매력적인 수준으로 저평가되었다고 볼 수 있다.

지금까지 간략하게 네 가지 가치지표들을 기준으로 어떤 의미가 있고 저평가 여부는 대략 어떻게 판단할 수 있는지 살펴보았다.

역발상투자와 펀더멘털 안전마진

추가적인 조언을 하자면, 네 가지 가치지표 중 두세 가지 가치지표가 저평가되었다고 해서 반드시 모든 주식들이 향후 몇 년간 높은 주가상승률을 보이는 것은 아니다. (평균적으로는 반드시 높은 주가상승률을 보이기 때문에, 분산투자를 하게 되면 확실히 주가가 오르기는 한다) 반드시 향후 몇 년간 주가가 비교적 크게 상승할 종목들로 좁히기 위해서는 낮은 가치지표뿐 아니라 더 검토해야 할 것이 있다.

그것은 현재 저평가 상태의 원인이 되는 악화된 실적이 향후에는 확실히 개선될 기업들을 골라내야 하는 것이다. 장기적으로 주식시장의 평균적인 매출액성장률보다 높고 평균적인 이익증가율보다 높은 수치를 보여온 기업이, 일시적으로 낮은 매출액과 이익성장률 때문에(혹은 심지어 역성장, 감소 때문에) 저평가되었을 때, 주기적인 업황 사이클 순환에 따라 실적이 반드시 회복할 것으로 판단된다면 진정으로 투자할 만하다. 미래에는 현재보다 실적이 좋아지겠지만, 최근까지 악화된 실적 때문에 현재는 군중들이 외면하고 주가가 상당히 저평가된 종목들, 바로 그런 종목들이 역발상 가치투자자들이 노리는 종목들이다.

이런 종목들을 역발상 원칙과 가치투자 원칙에 의해서 투자할 때, 보다 안전하게 투자할 수 있는 두 번째 추가조언을 정리한다.
해당 기업이 장기적으로 유지가능하다고 판단되는 이익성장률

범위를 도출한 후, 그 중 보수적인 수치를 기준으로 미래의 이익성장률을 추정하는(최근의 성장률을 그대로 적용하는 것은 무리가 있다) 것이다. 그렇게 보수적인 관점에서 이익성장률을 추정하고, 몇 년 후 업황이 회복되었을 때의 당기순이익 역시 그 성장률에 근거하여 보수적으로 추정하게 되면, 가치지표 상으로만 싸게 매수하는 것이 아니라 미래의 실적 기준으로도 싸게 매수하는 셈이 되어 이중적인 안전마진이 생기는 것이다.

3. 수익성, 성장성 대비 역발상 가치기준들

 기본적으로 저 PER 등 가치지표가 낮은 주식이 역발상투자의 기본적인 투자후보군이라고 앞서 설명했다. 왜냐하면 현재 전망이 좋다고 추정되는(시간이 지나보니 좋은 것으로 증명된 종목들이 아니라 당시 좋은 전망이 기대되는) 종목들은 기대했던 것보다 향후 낮은 실적이 나올 때마다 주식시장 평균 이하의 수익률을 보이기 때문에 평균적으로 성과가 좋지 않고, 반대로 현재 시장에서 인기가 없고 전망이 어두운 종목들은 우려했던 것보다 향후 실적이 크게 나쁘지 않기만 해도 주식시장 평균 이상의 수익률을 보이기 때문에 평균적으로 성과가 좋기 때문이다. 즉, 대중들의 관심을 받지 못하고 언론과 보고서에서 잘 다루지 않는, 현재 우려스러워 보이는 종목들이 대개 가치지표가 낮기 때문에 역발상투자전략은 대체로 낮은 가치지표를 선호한다고 설명했다.

 하지만 고 PER은 아닐지라도 평균적인 PER을 보이는 기업들에 대해서 역발상투자자들이 기피하기만 할 것인가. 또한 가치투자자들 역시 평균적인 PER 종목들에 무조건 관심이 없는가.
 그렇지만은 않다.
 본질적으로(장기적으로) 이익성장률이 높았고 또 높게 유지할 능력을 갖춘 우량기업들의 경우, 군중투자자들이 쳐다보지 않고 주식시장에서 크게 소외되어 있을 경우조차도 PER, PBR 등 가치지표의 수치가 평균 정도일 수 있다. 해당 성장기업, 우량기업의 이익성장률과 강력한 사업경쟁력으로 인해 평소에 가치지표 자체가 시장평균이나 업종평균보다 다소 높게 유지되기 때문이다.

현재 군중투자자들이 대거 매도한 후이며 관심을 갖지 않고 있는 등 주식시장에서 소외받고 있지만, 애초에 장기적으로 이익증가율이 높고 우량한 기업이었던 만큼(본래 높은 가치지표를 유지하고 있었기에) 아무리 소외되어도 시장이나 업종평균보다 항상 가치지표 수치가 높다면, 역발상투자자들이나 가치투자자들은 이런 기업들을 어떻게 찾을 수 있을까.

높은 성장성 대비 비교적 낮은(절대적으로 낮지 않아도) 가치지표인지 여부를 판단할 수 있는 공식(도구)은 여러 가지가 있지만 가장 간단한 것 두 가지를 설명한다.

■ ROE와 PBR의 비율

첫째, **ROE**와 **PBR**의 비율을 살펴보는 것이다.

자기자본이익률(ROE)은 자본총계가 얼마나 많은 당기순이익을 창출하는지 가늠하는 비율(%)로, **ROE**가 10%라는 말은 자본총계가 10%만큼의 당기순이익을 창출한다는 말이다. **ROE**가 높을수록 해당 기업 자본총계의 수익창출력이 좋다는 뜻이고, 그럴수록 자본총계의 장부가 대비 높은 시가총액(장부가 대비 시가총액 공식이 PBR)을 받을 만하다. 그렇기 때문에 유지할 수 있는 **ROE**가 높은 기업은 보다 높은 **PBR**이 정당화된다.

물론 **ROE**가 같다고 해도 장기적인 이익성장률을 다를 수 있으며, 또한 사업구조의 영속성과 업종 내 순위를 지키는 경쟁우위의 강도가 다를 수 있기 때문에, 모든 기업들의 '**ROE-PBR** 비율'을 동일한 잣대로 평가할 수는 없다. 다만 수많은 업종들과 종목들에 대해서 개략적으로 수익성 대비 저평가 정도를 판단하기 위한 약식지표로, **ROE**를 (퍼센트 수치) **PBR**로 나눈 결과값을 들 수 있다.

ROE를 **PBR**로 나눈 수치가 10을 많이 초과할수록 수익성 대비 저평가된 편이라고 볼 수 있고, 10미만으로 내려갈수록 수익성 대비 고평가된 편이라고 볼 수 있다.

예를 들어, **ROE**가 16%, **PBR**이 0.8인 종목은 그 수치가 20(16 나누기 0.8)이며, **ROE**가 16%, **PBR**이 1.6인 종목은 그 수치가 10(16 나누

기 1.6)이기 때문에 전자가 후자보다 저평가되었으며, 특히 전자는 수치가 10을 초과하므로 수익성 대비 저평가되었다고 할 수 있는 것이다.

다만 여기서 **PBR**은 저평가냐 고평가냐를 판단하기 위해 현재의 **PBR** 수치를 기준으로 명확히 계산할 수 있지만, **ROE**의 경우 직전 4분기로 하는 것보다는 중장기적으로 유지해 왔고 향후에도 유지(혹은 회복)할 수 있는 수치를 대입하는 것이 더욱 합리적이다. 최근의 일시적인 수익성 증가가(혹은 수익성 악화) 지속될 것으로 가정하여 높은 **PBR**을(혹은 낮은 PBR) 합리화할 수는 없다는 이야기이다. 언제까지나 기업의 미래실적은 중장기간의 과거와 미래를 모두 고려해서 추정해야 하기 때문이다.

PEG 비율

둘째, PER과 이익성장률(당기순이익 기준) 사이의 비율을 살펴보는 것이다.

이를 PEG 비율이라고 한다. PEG(Price Earnings to Growth ratio)는 주가수익비율(PER)을 '주당순이익(EPS)증가율에서 %를 뗀 수치'로 나눈 것으로써 향후 이익의 성장성을 감안한 가치평가지표이다. 공식은 아래와 같으며, PEG 수치가 낮을수록 저평가이고 높을수록 고평가이다.

PEG = PER ÷ (주당순이익증가율(%) × 100)

향후에 순이익 성장률이 높으면 적정 PER 역시 성장성을 반영한 만큼 자연스럽게 높아지고(고평가가 아니라), 순이익 성장률이 낮으면 적정 PER도 낮다. 예를 들면 향후 유지 가능한 순이익성장률이 16%이며 PER이 8인 경우는, PEG비율이 8(PER) 나누기 16(순이익증가율)인 0.5가 된다. 유지 가능한 순이익성장률이 8%이며 PER이 8인 경우는, PEG 비율이 8(PER) 나누기 8(순이익증가율)인 1.0이 된다. 이 경우 PEG 비율이 0.5인 전자가 PEG 비율이 1.0인 후자보다 저평가(이익성장률 대비)되어 있다고 말할 수 있다.

또한 PEG 비율 역시 사업구조의 영속성과 업종 내 순위를 지키는 경쟁우위의 강도에 따라 가치평가 결과의 해석이 개별 기업 별로 다소 다를 수 있지만, 기본적으로는 1.0을 기준으로 그보다 낮아질수록 개략적으로 저평가되었다고 말하고, 1.0보다 높아질수록 고평가 되었다고 말한다.

앞서 **ROE**와 **PBR**의 비율을 계산할 때와 마찬가지로 **PEG** 비율을 계산할 때도, 반드시 최소 3년 이상 동안 유지 가능한 당기순이익 증가율을(직전년도 순이익성장률이나 내년도 예상 순이익성장률을 대입하면 안된다) 대입해야 한다. 현재의 **PER**은 낮지 않지만 향후 몇 년 동안 높아질 순이익 대비 미래 **PER**이 낮아질 것을 미리 계산하는 것이 **PEG** 비율이기 때문에, 반드시 중장기적으로 유지 가능한 이익성장률을 대입해야 한다.

위와 같이 수익성이나 성장성이 장기적으로 좋았고 또 중장기적으로 유지될 기업들은 기본적으로 가치지표들이 평소에 높은데, 때때로 일시적인 악재와 실적하락이 발생하고 주식시장에서 크게 소외될 때는 가치지표들이 일시적으로 크게 하락할 수 있다. 그런 경우에도 성장기업과 우량기업들의 경우, 주식시장이나 업종의 평균보다 낮은 가치지표를 보이는 경우는 잘 없다.

그때, 수익성이나 성장성 대비 저평가된 종목들을 심리적으로, 가치지표상으로 역발상 투자하기 위한 두 가지 간단한 공식들을 위에 정리했다.

여기서 유의할 점은 정통 원칙(기대수익률은 극대화, 손실리스크는 극소화)을 준수하고자 하는 역발상투자자 및 가치투자자라면, 아무리 수익성과 성장성의 장기적 수치가 좋았고 향후 좋은 수치가 기대될지라도, 시장평균이나 업종평균보다 높은 가치지표(위 두 공식에서는 PBR과 PER)를 지불하여 매수할 필요는 없다는 것이다. 아무리 폭락해도 시장평균 수치보다 더 내려가기 어렵다는 말이지, 시장평균 수치보다 더 비싸게 사도 좋다는 이야기는 아니다. 시장평균 수치보다 더 비싸게 매수하는 것은 조금이라도 정가에 가깝게 지불하고 매수하는 것이다. 역발상투자와 가치투자의 원칙은 극심하게 소외되고 저평가된 종목들을 매수하는 것이기에, 시장 평균을 초과하는 수익성과 성장성을 갖춘 기업일지라도 시장 평균 정도의 가치지표 이하를 주고 매수하는 것이 목표이다.

4. 역발상투자 매도전략 개요

역발상투자자의 매도는 감정을 배제하고 원칙을 지켜야 한다. 역발상투자자가 꼭 매도해야 할 경우는 크게 두 가지로 나뉜다.

첫째, 극도로 소외되고 시장평균보다 가치지표들이 훨씬 낮은 종목들을 매수하여 향후 주가가 점차 상승하다가, 어느 시점에서 시장의 관심을 한 몸에 받고 시장평균 가치지표를 넘고 주가상승속도가 빨라졌을 때, 역발상투자자는 군중심리가 극단으로 향하는 과정에서 분할매도를 실행해야 한다. 분할매도를 해야 하는 이유는 시장평균의 가치지표를 초과하여 군중심리의 극단에 이르기 훨씬 전에 전량 매도할 경우(이 경우 잘못은 아니지만 조금 아쉬운 경우) 추가수익을 확보하기 어렵기 때문이다. 분할매도를 해야 하는 또 다른 이유는 '조금 더, 조금 더 주가가 상승하기'를 바라면서 언젠가 전량 매도할 것을 생각하다가 오히려 매도타이밍을 거의 놓치는 경우가(이 경우는 잘못으로, 큰 폭의 수익률 감소 가능) 많기 때문이다.

위에서 설명한 매도는, 시장평균이나 업종평균보다 저평가된 종목들에 투자해서 시장평균이나 업종평균보다 고평가 상황에서 매도하는 투자에 성공한 경우에 해당한다.

성공한 경우를 제외하고 역발상투자자가 매도해야 할 상황이 또 있는데, 장기적인 관점에서 보유한 종목의 펀더멘털이 악화되는 경우이다. 수요시장이 근본적으로 정체되었다든지, 경쟁자들이 대거 진입해서 경쟁구조가 완전히 바뀌었다든지, 기술 변화로 핵심 제품의 수명이 끝나간다든지 하는 산업의 구조적인 변혁으로 기업의 이익증가율과 이익지속성이 장기적으로 훼손될 경우, 일시적인 주가 등락이 문제가 아니라 기업의 가치 자체가 하락(예외적으로 급락할 수도 있다)하게 된다. 이때 장기적인 기업가치 훼손, 즉 이익창출능력 훼손으로 인해 지금 싸 보이는 가치지표(PER, PCR, PSR 등)들이 향후 싸지 않고 적정하거나 오히려 비싸질(당기순이익, 현금흐름, 매출 자체가 감소 시) 수도 있다. 그렇기 때문에 이런 경우에는 기업가치 하락이 주가에 완전히 반영(주가의 큰 폭, 혹은 지속적인 하락)되기 전에 과감하게 매도할 필요가 있다.

위와 같이 역발상투자자는 투자에 성공했을 때나 근본적으로 실패했을 때에만 매도하는 것이다. 투자한 종목의 실적이 좋아지고 호재가 발생하여 고평가되었을 때 매도하는 것이 가장 정석이며, 최초 매수 시에 가정했던 기업의 펀더멘털이(지속적인 이익창출, 방어능력) 훼손되어 애초에 기업의 가치 자체가 추가적으로 감소할 것이 확실하게 예상될 때, 감정적인 저항을 억누르고 매도하는 것이다.

한편, 보유 중인 종목들 중 단기적으로 평가손실을 보고 있는 종목들을 매도하고 더 전망이 좋은 종목들을 매수하고 싶어지는 것이 나약한 인간적 감정이다. 하지만 역발상투자자는 항상 단기적으로 전망이 좋지 않아 저평가된 종목들에 분할매수를 통해 투자하기 때문에, 일시적으로 보유종목들의 주가가 추가적으로 하락할지라도 추가로 분할매수함으로써 시간이 지나면서(군중심리의 투매와 시장의 소외가 반전되면서) 중장기적으로 높은 수익률을 올리게 된다. 그러므로 짧은 시야로 종목들을 자주 바꾸는 것은 절대로 금기사항이며, 수익률에 필연적으로 악영향을 준다.

또한 역발상투자와 가치투자는 모멘텀투자가 아니기 때문에(주가의 단기적 방향을 예측하여 투자하는 모멘텀투자와는 달리) 하락폭 몇 퍼센트를 정해놓고 자동으로 매도하는 손절매 시스템은 수익률을 오히려 악화시키며 잘못된 대응방식이다.

4장. 분산투자전략과 기업의 펀더멘털

1. 분산투자전략

역발상투자는 기본적으로 군중투자자들로부터 소외된 주식을 싸게 매수해서 군중투자자들이 그 주식에 관심을 갖고 점차 열광할 때까지 매도하는 투자방법론이다. 역발상투자전략 자체가 상당히 저평가되었을 때 매수하여 고평가되었을 때 매도하는 것을 원칙으로 삼기에 기대수익률이 높고 기대손실률은 낮을 수밖에 없다. 또한 한 번에 매수하고 매도하는 대신에, 여러 번에 걸쳐 매수함으로써 추가적으로 주가가 하락할 것에 대비하고, 여러 번에 걸쳐 매도함으로써 추가적으로 주가가 상승할 것에 대비할 수 있기에 손실률은 더더욱 낮아질 수밖에 없다.

■ 필수적인 분산투자전략

그럼에도 불구하고 보다 완벽한 투자전략을 구축하기 위해서는 분산투자전략이 필수적이다. 분산투자는 보유하고 있는 주식들이 중장기적으로 주가가 상승하지 않을까봐 해야 하는 것이 아니다. 분산투자의 진의는 주식시장 등의 큰 등락 주기에 따라서 주기적으로 더욱 큰 초과수익률을 창출하기 위함이다.

예를 들면, 반도체업종과 음식료업종의 주식을 골고루 보유하고 있다면 반도체업종의 업황이 좋아서 실적과 주가가 최고치를 향하고 있는데 음식료업종의 업황은 좋지 못해서 실적과 주가가 모두 하락하고 있을 경우, 반도체업종의 일부 과열되고 고평가된 종목들을 분할매도하면서 음식료업종의 극심하게 소외되고 저평가된 종목들을 추가매수할 수 있을 것이다. 보유하고 있는 업종들의 수가 보다 많고, 업종들의 업황 및 주가의 추세가 서로 다를수록 이런(초과수익률을 올릴) 기회는 더 자주 발생한다. 더 나아가서 국내 주식뿐 아니라 해외 주식(및 펀드)과 해외 채권펀드, 금이나 원자재 관련 자산 등을 보유하고 있다면 그런 초과수익의 기회는 더욱 자주 확실하게 발생한다.

그러므로 가치투자에서만이 아니라 역발상투자에서도 분산투자는 필수적이고, 반드시 수익률에 지속적이고 큰 도움이 된다. (단순한 역발상투자만으로도 시장평균보다 수익률이 훨씬 높다. 하지만 역발상 분산투자의 경우

단순한 역발상투자보다 더욱 중장기수익률이 높아진다)

　주식시장 자체가 급격하게 출렁이거나, 주식시장 내 특정 업종들의 주가가 급격하게 출렁이거나, 개별 종목들의 주가가 급격하게 출렁이면서 다른 투자자들이 일방적으로 주식시장에 휘둘리면서 손실을 보고 있을 때, 역발상 분산투자전략을 쓰는 투자자는 널려있는 기대수익률 기회를 주워 담기에 바쁜 것이다.

■ 포트폴리오 편입 요건, 장기수익률과 가격등락방향

　최고의 역발상 분산투자 효과를 보기 위해서 자산 포트폴리오에 포함해야 할 투자상품들의 특성은 장기수익률과 가격등락방향의 다양성이다. 즉, 포트폴리오 내의 개별 자산들의 장기수익률이 좋아야 하며, 가격등락의 방향이 서로 달라야 한다. 가격등락의 방향이 같거나 유사할 경우 분산투자의 의미와 효과가 사라지며, 장기수익률이 형편없는 자산을 보유하게 되면 전체 포트폴리오의 장기수익률을 낮추기 때문이다.

　기본적으로 국내주식자산을 핵심 투자자산으로 삼되, 금리와 환율변동에 따른 가격변동의 방향이 국내주식과 다른 선진국채권자산은 물론, 환율변동에 따른 가격변동의 방향이 국내주식과 다른 해외주식자산(이머징 주식 등)에 이르기까지 다양한 자산을 포트폴리오에 편입하는 편이 좋다.

　그러면 앞서 언급한 여러 가지 형태의 투자자산 중에서 국내주식자산의 비중이 얼마나 되어야 할까.
　국내주식자산의 비중에 대한 설명은 '대한민국 주식투자 계량가치투자 포트폴리오' 도서의 내용 일부를 인용하는 것으로 대신한다.
　매우 보수적으로 투자자본을 운용하면서 인덱스(시장평균)보다는 비교적 큰 수익률을 올리겠지만(중장기적으로 연평균 15%에서 25% 사이) 적극적인 운용에 비해서는 상대적으로 적은 수익률에도 만족하는 투자주체의 경우, 전체 자산 중 국내주식자산의 기본 비중을 대략 60%~70% 정도로 가져간다. 보수적인 투자자는 역발상 투자타이밍에 따라서 국내주식자산의 비중조절(늘리거나 줄이는) 폭을 10%에서 15% 정도로 운용할 수 있다.

적극적인 투자자는 전체 자산 중 국내주식자산의 기본 비중을 80%에서 90%에 이르기까지 가져간다. 주식이라는 자산은 손실위험의 크기를 고려한 장기수익률이 여타 자산보다 압도적으로 높기 때문에, 좋은 종목들을 싸게 매수하기만 한다면, 비중을 높게 가져가는 것이 결코 위험하지 않다. 적극적인 투자자는 국내주식자산의 비중조절 폭을 보수적인 투자자에 비해서 훨씬 융통성 있게(그 상황에 맞게 가장 적극적으로) 가져간다.

평균적인 투자자는 전체 자산 중 국내주식자산의 기본 비중을 70%~80% 정도로 가져간다. 또한 역발상 투자타이밍에 따라서, 국내주식자산의 비중을 20% 정도 가감할 수 있다. 즉, 70%~80%의 기본비중에 20% 정도를 더하거나, 20% 정도를 줄일 수 있다.

위 설명대로 투자자 자신의 스타일에 따라서 국내주식자산의 기본 비중을 최소 60%에서 최대 80~90% 가량으로 삼았을 때, 국내주식자산 역시 다양한 업종 별로(최소한 경기민감업종과 경기방어업종 등으로) 분산투자해야 하며, 개인투자자의 경우 종목수는 대략 12~24개 정도가 적당하다. 또한 자신의 투자체계와 지식이 허락할 경우 절대저평가 주식들과 높은 성장성 대비 저평가 주식들 등 보다 다양한 스타일 별로 분산투자해도 좋다.

■ 비중조절 기준, 기대수익률 대비 저평가 정도

그렇다면 국내 주식자산과 해외 주식자산은 각각 어떨 때 비중을 줄이고 늘리는가. 또한 국내 A업종과 B업종, C업종의 종목들은 어떨 때 비중을 줄이고 늘리는가. 역발상투자자는 보유 중인 포트폴리오 내 투자자산들의 비중조절 방법으로 기본적인 역발상투자 원칙을 따른다. 상대적으로 향후 더욱 잠재수익률, 잠재성장률이 높으면서도 군중들로부터 소외되어 저평가된 투자자산의 비중을 늘리고, 상대적으로 향후 더욱 잠재수익률과 잠재성장률이 낮으면서도 군중들이 열광함으로써 고평가된 투자자산의 비중을 줄인다.

어떤 국가의 경제성장률과 상장사들의 이익증가율이 지속적인 수치에서 벗어나서 크게 하락해 있고 최악의 국면에 있는가(즉, 향후 개선되는 것은 시간문제일 뿐인가) 그리고 해당 국가의 기업들로 구성된 펀드 수익률이 최하인가를 고려하여 역발상 투자 대상으로 비중을 확대한다.

어떤 업종과 기업의 이익증가율이 최악에 있고 향후 개선될 것이 기대되는가 그리고 해당 업종과 기업의 주가가 군중의 외면으로 크게 하락했는가를 고려하여, 역발상적으로 해당 업종과 기업의 비중을 확대한다.

항상 모든 국가의 주식시장을 비교할 때, 업종과 업종의 투자매력도를 비교할 때, 그리고 기업과 기업의 투자매력도를 비교할 때,

반드시 서로 비교하여 상대적으로 크게 저평가된 주식, 그리고 장기 이익증가율 대비 크게 저평가된 주식 등을 선정해야 한다. 항상 가치 대비 저평가되어 있고 군중투자자들이 외면하여 최근까지 주가가 크게 하락한 투자대상에 우선적으로 투자하는 것이 역발상 투자전략이기 때문이다.

해외주식(및 펀드)을 하지 않아도 문제는 없다. 국내주식자산만으로 구성된 포트폴리오라 할지라도, 업종 별로 분산이 잘 되어 있으면 항상 지속적으로 주식시장의 수익률을 훨씬 초과하게 된다. 하지만, 국가별 주식시장의 수익률 자체도 중장기적으로 순환하게 마련이므로, 한 국가의 주식시장만 지켜보고 투자하는 것 보다 여러 개 국가의 주식시장을 함께 지켜보고 투자할 경우, 특별히 저평가된 주식시장에 분산투자할 기회가 자주 발생하게 된다. (자연스럽게 초과수익률이 누적적으로 개선된다)

다만, 보다 많은 해외국가들의 주식자산에 분산하는 것이 능사가 아니라, 비교적 경제사회구조나 소비문화가 익숙하거나 자국과 유사성이 있는 국가의 주식시장에 투자해야 하며, 더불어 위험한 국가의 주식시장은 피해야 한다.
위험한 국가란, 정부의 지출이 과도하고 경상수지가 자주 적자를 기록하며, 외화차입이 많은 등 재정적으로 불안한 국가를 말한다. 또한 정치적으로 군사적으로 근본적인 내부 변혁을 겪고 있는 국가, 외부 인접국과 교전이 확대될 우려가 있는 국가 등도 일시적으로 주식시장이 붕괴될 수 있다. (국가의 안정성과 주식시장이 붕괴된 후에 바닥권에서 투자를 시작하는 것은 좋은 일이지만, 국가의 상태가 표면적으로 안정적이라고 판단될 때 투자했다가 국가 안정성과 주식시장이 붕괴되는 급락장을 그대로 겪는 것은 좋지 않다)

위험한 국가를 피하고 비교적 경제사회구조가 익숙하고 유사한 다양한 국가들의 주식시장에 분산투자할 경우, 일부 국가 주식시장의 갑작스런 급등락은 물론 그보다 정도가 큰 폭등과 폭락마저 역발상투자자의 큰 수익기회가 될 것이다. 서로 가격이 변동하는 방향과 그 정도가 다른 자산들의 결합은 최종수익률을 높여주는 강력한 요소이기 때문이다. 박수갈채를 받는 국가를 서서히 떠나고, 매우 소외받은 국가에 투자를 시작하는 것, 그것이 해외주식에 대한 역발상 투자원칙이다.

채권자산과 금리

채권은 금리가 정점에 있을 때 매수하여 금리가 저점이 될 때까지 보유하여 매도했을 때 수익률이 가장 높다. 또한 금리가 높아질 때는 채권으로부터 거리를 멀리 두고 있다가 다시 금리가 정점에 있을 때 매수하면 된다. 하지만 정확히 어느 정도에서 금리가 정점에 이르렀는지를 예측하는 일은 어려운 일이기 때문에, 주식자산과 더불어 포트폴리오 일부를 채권 자산으로 투자한다.

고금리 상황에서(이때는 주식자산의 기대수익률이 낮아지므로 자연스럽게 채권 비중을 늘리게 된다) 채권비중을 늘린 후 금리가 크게 하락하여 바닥권까지 다가갈 때는 채권 자산의 비중을 줄여나가면 되고(이익을 내고 있는 구간에서) 금리가 바닥을 치고 상승을 시작함과 동시에(손실이 시작되는 구간) 채권 자산의 비중을 최소로 줄이면 된다.

역발상투자의 수익률을 근본적으로 확대하고 손실률을 축소하기 위해서 간단한 분산투자전략을 위와 같이 정리했다.

역발상투자전략에 따라 투자성과를 극대화하기 위해서, 소외되고 저평가된 투자자산에 역발상적으로 투자하고, 다양한 투자자산에 분산투자하여 주기적으로 초과수익률을 올린다는 원칙과 전략을 설명해 왔다. 여기에 한 가지 더 고려할 것이 있다면, 그것은 저평가되었다고 판단하고 주가가 정상 수준으로 상승할 수밖에 없다고 생각한 주식들이 근본적으로 훼손되지 않는다는 지표들이다. 주식이 근본적으로 훼손될 경우 가치 자체가 하락하는데, 그럴 경우 저가에 매수했을지라도 기대수익률이 근본적으로 하락하거나, 심지어는(훼손이 크고 가치 하락이 클 경우) 기대수익률이 마이너스(당장 매도해야 하는 상황)일 경우도 발생하기 때문이다.

이제 기업의 펀더멘털에 대해서 다음 페이지부터 살펴보자.

2. 기업의 펀더멘털

　역발상투자의 최대 특징이자 강점은 군중투자자들이 열광하는 고평가된 주식을 매도하고(기 보유하고 있던 경우에) 군중투자자들로부터 소외받고 저평가된 주식을 매수하여, 기대수익률을 극대화하고 기대손실률을 극소화하는 데 있다. 하지만 역발상투자자들이 매수하는 소외받고 저평가된 주식이란 개념은 역발상투자를 뒷받침하는 한 가지 전제조건을 필요로 한다.

　이것은 단지 몇 개의 종목에만 집중투자하는 극적으로 집중된 역발상투자자에서부터, 국내주식과 이머징 국가의 주식(및 펀드), 선진국 채권펀드, 금과 원자재 관련 자산 등에 넓게 분산투자하는 역발상투자자에 이르기까지 모두 해당되는 필수 과정으로, 이를 펀더멘털 분석이라 한다.

■ 기업의 펀더멘털 분석

　주식이 '저평가'되기 위해서는 해당 주식(기업)의 가치가 무너지면 안 된다. 주식의 가치에 비해서 턱없이 싼 주가를 우리는 크게 저평가되었다고 말하고, 그 가치를 초과하면 고평가되기 시작했다고 표현한다. 주식의 가치는 말할 필요도 없이 기업의 이익창출 능력이다. 기업의 안정성, 수익성, 성장성 등의 측면에서 본질적인 이익창출 능력이 저하되면 주식의 가치 자체가 떨어진다.

　이를 투자업계에서는 펀더멘털이라고 말한다. 그리고 펀더멘털에 비해서 어떤 주식이 저평가되었다고 판단하고 저가에 매수했는데, 이후 펀더멘털이 크게 훼손되어 매수한 주가 정도로 하락하거나 그보다 더 떨어질 경우에는 역발상투자가 실패한 것이다. (매수한 종목의 주가가 일시적으로 하락하는 것은 전혀 아무런 일이 아니지만, 매수한 종목의 펀더멘털이 크게 훼손되는 것은 예외적으로 역발상투자가 실패한 경우이다)

　군중투자자들로부터 소외받고 주가가 크게 하락했다는 것만으로 덥석 매수하는 것이 아니라, 기업의 펀더멘털을 점검해서 별 문제는 없는지 살펴보는 과정이 역발상투자에 필수적인 것이다.

　기업의 기본적인 펀더멘털은 안정성과 수익성 등 각종 재무손익 비율의 중장기적인 수치변화, 기업의 기본적인 사업내용이다. 추가적인 기업의 펀더멘털은 기업이 속한 업종 구조와 경쟁의 정도, 업종 내 기업의 경쟁우위 등이다. 마지막으로 심층적인 펀더멘털은 기업의 향후 이익방어(및 확대)능력과 기업전략을 고려한 미래성장 시나리오 등으로(직업적인 전문투자자가 아닌 경우 심층 펀더멘털까지 충분히 검토할 필요는 없다) 볼 수 있다.

그 중에서 가장 기본이 되고 또 가장 중요한 것은 각종 재무손익비율의 중장기적인 수치변화이다. 역발상투자자라면 최소 4~5년의 과거 흐름을 살펴보아야 하며, 더 나아가서 10년~15년가량의 수치변화를 분석해보면 더욱 충분할 것이다. 사실 전문가의 경우 10년 이상 재무손익비율을 분석해보면 향후 추이를(사업내용 및 업종수명 사이클과 연동하여) 어느 정도 범위 내에서 틀리지 않고 추정할 수 있다. 두 번 이상의 경기호불황을 포함할 경우 충분한 검토기간이라 볼 수 있기 때문이다.

재무손익비율은 개별 재무제표 항목으로는 이해하기 힘든 여러 가지 기업의 현황과 추이를 효과적으로 이해할 수 있게 해 준다. 재무손익비율은 부채비율처럼 재무항목간의 비율일 수도 있고, 매출액영업이익률처럼 손익항목간의 비율일 수도 있고, 자기자본순이익률처럼 재무항목과 손익항목(재무손익항목)간의 비율일 수도 있다. 또한 수많은 재무손익 비율들은, 진단하려는 기업현황 및 추이의 성격에 따라서 구분하면 안정성, 수익성, 활동성, 성장성 등으로 나눌 수 있다. 즉, 투자하기에 좋은 기업이란 기본적으로 안정성이 바탕이 되고, 수익성과 활동성이 있어야 한다. 성장성까지 있다면 금상

첨화이다.

　보다 다양한 재무손익 비율공식들은 '대한민국 주식투자 재무제표·재무비율·투자공식'에 잘 정리되어 있으며, 본서에서는 가장 먼저 살펴보아야 하는 기초적인 안정성과 수익성 지표 일부 내용을 설명한다.

■ 기초적인 안정성 지표

재무손익비율 중 대표적인 안정성 비율인 부채비율은 부채총계(타인자본)를 자본총계(자기자본)로 나누어 산출되며 타인자본의 의존도를 나타낸다. 부채비율은 기업의 재무 안정성을 나타내는 대표적인 재무비율로서 일반적으로 100% 이하이면 매우 안전, 200% 이하이면 큰 문제는 없다고 간주된다. 공식은 아래와 같다.

부채비율 = (부채총계 ÷ 자본총계) × 100(%)

통상적으로 기업의 부채비율이 100% 이하이면 안전하고 200% 이상이면 위험하다고 간주된다. 하지만 이는 항상 절대적인 것은 아니며, 산업이나 업종에 따라 부채의 크기와 비중이 다르므로 해당 기업의 과거 수치들과 동종업계 경쟁사들의 수치와 비교할 필요가 있다.

또 다른 하나의 안정성 비율인 유동비율은 기업의 단기채무지급능력을 알아볼 수 있는 기초적인 비율이다. 유동자산에서 유동부채를 나누어 산출되는 유동비율은 기업의 단기 재무 안정성을 측정할 수 있는 평가항목으로 아래 공식을 따른다.

유동비율 = (유동자산 ÷ 유동부채) × 100(%)

단기적인 재무 안정성은 유동비율이 클수록 증가하고 작을수록 감소한다. 기본적인 수준에서는 보통 유동비율이 200% 이상이면 안전하다고 평가되지만 업종별 현금창출력, 경기변동성 등에 따라 적합한 유동비율의 수준이 조금씩 다를 수 있다.

■ 기초적인 수익성 지표

재무손익비율 중 대표적인 수익성 비율로 순이익률(당기순이익률)이 있다. 순이익률은 매출액 중 주주에게 돌아가는 순이익이 몇 퍼센트인가를 나타내는 수익성 지표이다. 매출액이 100일 때 순이익이 20이라면 순이익률은 20%이다. 이 말은 매출액 중 20%가 주주에게 최종적으로 돌아가는 당기순이익이라는 뜻이며, 공식은 아래와 같다.

순이익률 = (순이익 ÷ 매출액) × 100(%)

순이익률은 매출액 중 주주몫에 해당하는 순이익의 비율을 나타내기 때문에 매우 중요하다. 하지만 영업손익 외에도 몇 가지 일회성 영업외손익(외환, 파생상품 관련 손익 등)까지도 반영된 결과값이란 점을 유념해야 한다. 일회적인 이익이나 손실은 근본적인 수익성과 무관하므로 투자자는 이 점을 알아야 한다.

마지막으로 또 다른 중요 수익성 비율로 **ROE**(자기자본이익률)가 있다. **ROE**란 **Return On Equity**의 약자로서 자기자본으로 얼마의 순이익을 벌어들였는가를 나타내는 수익성 비율이다. **ROE**는 다른 투자안의 수익률(예금금리, 채권수익률 등)과 비교되어 특정 종목(주식)의 투자매력도를 보여주며, 공식은 아래와 같다.

ROE = (순이익 ÷ 기초기말 평균 자본총계) × 100(%)

꾸준히 **ROE**가 높은 기업은 자본의 증가율이 높다는 뜻이어서 주가 역시 높게 형성될 때가 많다.

가장 기초적인 네 가지 재무손익비율을 간단히 소개했지만, 중요한 각종 재무손익비율들을 점검한 결과 안정성, 수익성, 활동성 등에 문제가 없고(성장성이 좋으면 금상첨화이지만 필수는 아님), 장기적으로 이익증가율이 주식시장평균보다(우리나라의 경우 8~9% 정도) 더 높은 편이면 좋다.

또한 다양하고 강력한 경쟁우위(규모의 경제와 비용 우위, 브랜드, 기술과 지재권 등)를 갖추었으며, 사업을 그대로 모방하기 어렵기 때문에 향후에도 이익을 꾸준히 지킬 수 있는 기업의 경우에는, 주식시장의 소외로 주가가 크게 저평가되기만 하면 역발상투자의 매수기업이 된다.

펀더멘털이 악화되지 않을 기업을 골라내는 것이 역발상투자전략을 강력하게 받쳐주는 또 다른 성공요인이며, 저평가된 기업들 중 펀더멘털이 악화되지 않을 기업들이(저평가되었다고 모두 매수후보가 아니라) 역발상투자의 진정한 대상인 것이다.

3부. 행동경제학

1장. 행동경제학의 특징과 전제

2장. 휴리스틱과 가치이론

3장. 투자를 위한 행동경제학 이론

4장. 행동경제학적 조언

1장. 행동경제학의 특징과 전제

1. 행동경제학의 등장, 특징

주식시장에 참가한 투자주체들이 모두 경제적으로 합리적인 행동을 한다면 주식시장의 고평가, 과열, 버블도 없을 것이고 주식시장의 저평가, 소외, 침체도 없을 것이다. 모든 투자자들이 합리적이라면, 현재 전체 상장기업들의 펀더멘털 대비 주식시장이 고평가로 넘어가려고 할 경우(고평가 매수는 장기적으로 기대손실률을 의미하므로) 매수를 멈추고 매도를 시작할 것이므로 주식시장은 상승을 멈출 것이며, 전체 상장기업들의 펀더멘털 대비 주식시장이 저평가 이하로 하락하려고 한다면(저평가 매수는 장기적으로 기대수익률을 의미하므로) 바로 매도를 멈추고 매수를 시작할 것이므로 주식시장은 하락을 멈출 것이다. 하지만 실제로는 버블도 존재하고 침체도 존재한다.

■ 인간심리의 비합리성과 행동경제학

　인간이 합리적으로 판단하고 투자의사결정을 할 경우, 주식은 항상 펀더멘털만을 반영하며 단기적으로 실적이 악화되었다고 해서 주가가 급락하거나 단기적으로 성장성이 부각되었다고 해서 주가가 급등하는 일이 없겠지만, 인간은 결코 생각만큼 합리적으로 판단하고 투자의사결정을 하지 않는다. 그것은 거창한 경제학적 조사결과를 밝힐 필요까지도 없이(물론 본서의 이후 내용에서 구체적이고 이론적으로 하나씩 밝힐 것이지만) 담배를 못 끊는 사람, 시험 준비 중에 집중력이 흐려지는 사람, 올해는 쇼핑을 줄여야겠다고, 올해는 꼭 살을 빼야겠다고 다짐하는 사람 등 본인의 머리가 실제로 옳다고 판단하는 것과 본인이 무의식적으로 매일매일 구성하는 일상의 결과는 매우 다르다는 것만 보아도 쉽게 알 수 있다. (인간은 옳은 대로 판단하고 행동하지 않고, 무의식적으로 기대하거나 바라는 방향으로 판단하고 행동하는 경향이 크다)

　행동경제학은 사람들의 심리와 경제적 의사결정 사이의 관계를 다루고 설명한다. 행동재무론은 행동경제학의 부분으로 투자자의 행동과 심리, 금융시장과의 관계를 다룬다. 다만 본서는 학문만을 위한 학술서와는 거리가 멀고 실제 투자자들이(특히 역발상투자자를 위해서) 비합리적인 의사결정을 하지 않도록 행동경제학을 설명한다. 그러므로 행동경제학과 행동재무론에 포함되는 다양한 이론과 현상을 정확하게 설명하되, 두 분야를 너무 엄격히 구분해서 다루지는 않을 것이다. (보다 넓은 범위인 행동경제학으로 통일하겠다)

■ 행동경제학과 전통적 경제학의 차이

행동경제학은 전통적인 경제학과는 여러 측면에서 매우 다르다.
우선 전통적 경제학은 경제적 의사결정의 관점에서 완벽하게 합리적인 인간을 전제하면서, 인간의 경제활동은 항상 합리적일 것이라고 가정한다. 그러므로 주식시장이나 부동산시장 등 각종 자산시장의 거품과 침체를(고정된 기업과 부동산 물건을 영구적으로 소유할 권리의 가격이 단기적으로 크게 등락하는 것 자체가 사실 엄청나게 비이성적) 설명할 수 없다.

반면에 행동경제학에서는 인간이 완전하게 합리적이라는 전제는 거짓이며 때때로 잘못된 판단과 비합리적인 의사결정을 하는 것이 인간이라고(이는 사실이다. 모르고 잘못 하는 경우도 있지만, 알고도 잘못 하는 경우도 있다) 설명하면서, 인간의 경제활동과 투자활동 역시 합리적이지 않을 때가 있다고 말한다.

전통적 경제학은 초장기적이고 근본적인 현상을 설명하기 위한 규범이론이고, 행동경제학은 단기적인(혹은 길어봤자 중기적인) 비합리적 상황들까지도 설명할 수 있는 행동이론(현실세계에 적용가능한 이론)으로, 행동경제학은 전통 경제학이 다룰 수 없는 현실적인 투자의 세계를 다룬다는 특징이자 강점이 있다.

단기적인 이익은 물론이고 장기적인 이익 관점에서도 결코 손해를 볼 비합리적인 행동을 하지 않는 사람, 즉 경제적 인간이라는 개념은 실제로는 존재하지 않는 개념이다. 필자는 실제로 투자를 하는 전문적인 가치투자자로서 순수한 경영학자들과 논쟁을 벌이고자 하는 의도는 전혀 없으나, 경제적 인간이 허구적인 개념임은 이론과 경험 두 가지 근거로 익히 알고 있다.

행동경제학 등 비합리적인 사고와 행동을 방지할 지식과 기술을 익히지 않은 대부분의 사람들은 경제적 인간이 되기 어렵다.

첫째로, 대부분의 투자자들은 투자하고자 하는 대상(예를 들어 주식)의 근본적이고 중요한 펀더멘털을 잘 알지 못하기에 애초에 합리적 투자의사결정을 내릴 수 없다.

둘째로, 투자의사결정을 위한 공부와 교육, 독서 등을 어느 정도 진행한 일부 투자자들의 경우에는 근본적이고 중요한 펀더멘털을 알 수 있으나, 펀더멘털 자체는 객관적으로 파악할 수 있음에도 불구하고 그것을 해석하는 사고 과정이나 의사결정을 내리는 행동 과정에서 심리적 왜곡이 발생한다. (왜곡을 피하기 위해서 왜곡의 유형과 내용 등은 이후 설명할 예정이다)

자신에게 유리하게 해석하고(그런다고 세상이 그렇게 되는 것이 아님에도) 자신이 소망하는 방향으로 의사결정하는(건조한 사실보다는 촉촉한 상상에 젖으면서) 심리적, 무의식적 경향이 합리적인 투자의사결정을 막는 것이다.

애정은 애인끼리 부부끼리 나누면 족한 것이고, 인정은 친척과 친구들과 나누면 되는 것이다. 상상은 차 한 잔 마시면서 미소를 지으면 그만이고, 호기어린 목표는 다이어리에 적고 용기를 내면 될 뿐이다.

주식시장에는 기대감과 두려움, 욕심과 근심, 애정과 미움, 심리적인 선호와 외면 등 일체의 감정을 버리고 오는 것이 필요하다. 하루 종일 감정을 교환하고 음미하고 배출했을지라도, 오직 주식시장에서 매수매도 의사결정을 할 때에는 감정은 최대한 버리고 와야 한다. (감정을 끌고 온 투자자가 잃은 만큼 감정을 버리고 온 투자자가 가져갈 것이다)

그것이 행동경제학을 다루는 이번 챕터의 목적이고 그렇게 할 수 있게 적극적으로 돕기 위해서 인간의 비합리적인 오류들을 나열하면서 설명할 것이다.

2. 행동경제학의 전제, 제한된 합리성

그렇다면 행동경제학이 전제하는 인간은 완전히 비합리적인 인간인가?

그렇지는 않다. 행동경제학은 실제로 사람들이 어떻게 생각하고 행동하고 그 결과 어떤 현상이 일어나는지에 관심을 갖기 때문에, 현실 세계의 인간들이 완전하게 합리적이지 않고 완전하게 자신의 감정을 통제하지 못할 뿐이지, 어느 정도의(애매모호한 표현인 것을 알지만, 완전한 백도 흑도 아닌 회색이라고 이해하자) 합리성과 어느 정도의 감정 통제력은 갖고 있다고 가정한다.

완전하게 합리적이지는 않지만 어느 정도까지만 합리적인 인간은 단기와 장기, 부분과 전체적 측면에서 가장 합리적인 선택을 하는 것이 아니라, 자신의 의식 및 무의식적 기준과 어느 정도 합치하면 만족하고 선택하게 된다.

여기서 합리적이지 못한 부분들을 설명하기 위해서 행동경제학은 휴리스틱과 바이어스 개념을 말한다. '휴리스틱(heuristic)'이란 인간이 비합리적인 의사결정을 내릴 때 간편하게 근거로 삼는 것을 말하며, '바이어스(bias)'는 휴리스틱으로 인해서 어느 한 쪽 방향으로 의사결정이 편향되는 것을 말한다.

제한적으로만 합리적인 인간의 비합리적 속성, 휴리스틱에 대해서 다음 페이지에서 알아보자.

2장. 휴리스틱과 가치이론

1. 휴리스틱

휴리스틱은 인간이 비합리적인 의사결정을 내릴 때 간편하게 근거로 삼는 것으로, 사건이나 상황을 이해해야만 하는데 명확한 자료나 근거 등이 자신에게 없을 때 편의적으로 사용하는 방법이다. 미래를 추정할 수 있는 판단력도 부족한 것이 인간이고, 필요한 정보를 수집하는 능력도 천차만별인 것이 인간이기에, 몇 가지 정보를 파악하고 단번에 전체적으로 사건을 파악하고자 하는 것이다.

신속하게 의사결정을 내리기 위해 대략적으로 생각하는 법, 쉽게 해결하고자 편법적으로 사고하는 것으로 일단 이해하면 된다. 휴리스틱에는 기본적으로 신속하게 판단을 내리는 일부 장점도 있겠지만, 사건과 정보를 단순화하고 일정하지 않은 사건의 흐름들을 억지로 '패턴화'하려는 치명적인 단점도 있다. (정보를 수집하고, 이해하고 판단하는 스트레스를 덜기 위해, 완전히 독립된 것, 새로운 것에 접근하는 노고를 덜기 위해 휴리스틱이 작용한다)

  원시시대의 인간에게 휴리스틱은 도움이 되었을 것이다. 왜냐하면 스스로 만족할 수 있는 일정 수준만큼만 판단이나 결정을 하면 되는 경우에는(현대 금융시장과는 달리 원시시대는 경험적, 대략적 판단의 효용이 높았다) 시간과 에너지를 비교적 덜 투입하고도 판단이나 결정을 얻을 수 있기 때문이다. 하지만 휴리스틱은 완벽하게 논리적이거나 합리적인 과정을 거치지 않기 때문에 보다 복잡한 현대사회의 여러 가지 상황에서는 맞지 않는다. 현대 금융시장에서는 어림짐작보다는 사실적인 자료조사와 분석, 실제적인 확률과 통계 등이 필요한 것이다.

  대략 맞는 쪽으로 손쉽게 판단하는 휴리스틱의 결과는 정확한 사실적 결과와 달리 어느 한 쪽으로 쏠리거나 주관적인 결론에 이르기도 하는데, 이를 '바이어스'라고 한다.

■ 기본적인 휴리스틱들

　기본적인 휴리스틱 중 하나로 이용가능성 휴리스틱이 있다. 이용가능성 휴리스틱이란 어떤 사건들이 발생하는 확률이나 빈도 등을 계산하고 추정할 때, 최근의 사례나 유독 기억에 남는 사례 등을 떠올리면서 그것에 바탕하여 판단하고 결론을 내는 것이다. 우리의 기억력은 그 자체로 한계가 있기도 하지만(모든 것을 정확하게 기억하지는 못한다) 감정적으로 기억하고자 하는 것, 기억하기 쉬운 것만 더욱 잘 기억하는 경향이 있다. 그렇기 때문에 기억의 내용이 무의식적 작용으로(그렇게 바꾸는 것이 마음이 편할 경우) 변하기도 하고, 기억의 일부는 날아가고(잊는 것이 마음이 편할 경우) 일부만 남아있다든지 하는 일이 종종 발생한다. 그러므로 어떤 사건(예를 들면 주식시장의 폭락, 쓰나미 등 자연재해의 발생 등)이 발생했을 때 그런 사건이 발생하는 확률, 발생하는 대략적인 주기 등에 있어서 사실적이고 옳은 결론을 내리기 보다는, 직관적으로 기억을 더듬어 사실과 다른 확률과 발생 주기로 판단하고 결론을 내릴 수 있다.

　(최근의 것만 기억하고, 감정적으로 충격을 준 사건만 기억하는 것은 대한민국 국민의 전유물이 아니라, 보다 선진국에서도 평범한 사람들이 모두 감정적으로 겪는 특징이므로 '냄비근성' 등의 표현으로 유독 자기비하할 필요는 없는 것이다)

　이용가능성 휴리스틱처럼 있는 그대로의 사실에 기반하여(감정을 배제하고) 판단하려고 하지 않고, 기억에 의존하거나 대략 경험적으로 판단하려고 할 경우 발생하는 결과가 '사후 판단 바이어스'이다.

사실에 근거해서 조사결과를 바탕으로 판단을 내렸다면 틀릴 이유도 없겠지만, 만에 하나 틀렸다고 할지라도 어떤 부분을 고려하지 못했고 어떤 시나리오를 미리 생각하지 못했는지 등을 명확하게 반성할 수가 있다. 하지만 기억이나 경험 등에 바탕해서 대략 판단하고 결과를 내었는데 실제로 그것과 다른 결과가 나왔을 경우에는 '그렇게 될 줄 알고 있었는데 아쉽다', '처음부터 알고 있었던 것 같은데 왜 이걸 생각하지 못했지' 등 사전에 실제 결과를 알고 있었던 듯한 착각에 빠지는 수가 많다. 이것이 바로 사후 판단 바이어스이다.

사람들이 흔히 겪는 또 하나의 휴리스틱으로 대표성 휴리스틱이 있다. 대표성 휴리스틱이란 전체 사건(이나 개체)들의 집합에 속해 있는 특정한 사건(이나 개체)이 전체 집합의 특성을 그대로 나타낸다고 어림짐작 판단하는 방법이다. 하지만 전체 집합의 특징과 극히 일부에 지나지 않는 사건(이나 개체)의 특징은 서로 완전히 같지 않으며, 때로는 전혀 상관이 없을 때도 있다. 그러므로 전체와 부분을 동일시하는 오류를 범하게 된다.

사양화되고 있는 업종에서 한두 개의 기업이 비용절감, 수익확대를 통해 실적이 대폭 개선될 때, 마치 해당 업종 자체가 사양화에서 벗어나는 것으로 판단하는 경우가 이에 해당한다. 혹은 기존 본업에서 실적이 감소한지 오래 되었지만, 향후 본업을 대체할 수 있을 정도로 두세 개의 신성장동력 사업부를 확실하게 확보한 기업에 대해서, 본업 전망이 어둡다는 사전 지식과 편견으로(하나를 보면 열을 안다는 표현처럼) 실적 확대의 가능성을 보지 못하고 무시하는 것을 말한다.

이 외에도 여러 가지 휴리스틱이 원인이 되어 인간은 제한적으로만 합리적이며, 여러 가지 잘못된 판단을(특히 투자의사결정의 경우 종종) 하게 된다. 다음 페이지부터 행동경제학의 또 다른 핵심개념인 가치이론(전망이론)에 대해서 알아보고, 이후 본격적으로 행동경제학의 비합리적인 세부 사례들, 구체적이고 다양한 인간의 비합리성, 약점들을 설명하고자 한다.

2. 가치이론(전망이론)

전망이론(prospect) 혹은 가치이론(같은 의미이다)이라는 개념이 있다. 이 개념은 행동경제학의 기반석에 해당하는 것인데, 전망이론(가치이론)을 바탕으로 우선 행동재무론(투자행동에 대한 인간의 의사결정을 설명)이 구축되었으며 행동재무론의 영역을 포함한 행동경제학(거시적 관점과 인간심리를 고려, 고찰)까지 확대된 것이다.

전망이론(가치이론)은 투자자들이 실제로 의사결정을 어떤 방식으로 하는지 전면적으로 재검토함으로써, 어떻게 사람들이 가치 변화를 주관적으로 인식하며 이에 따라 주관적인 결론을 내는지를 밝혀내는 등 사람들의 실제 투자의사결정을 현실적으로 설명할 수 있게 되었다.

■ 가치이론(전망이론) 개요

전망이론을 설명한 카너먼과 트버스키는 아래와 같이 설명한다.
"사람들은 일정한 상태로부터의 변화, 말하자면 준거점(기준점)에서 점점 멀어지면서 생기는 이익과 손실에 의존해서 가치를 느끼게 되는데, 이것을(이 감정을) 기반으로 의사를 결정한다."

쉬운 예를 들어 설명하면, 어떤 사람의 이익과 손실이 전혀 없는, 즉 '0'원의 상태가 최초 준거점(기준점)이 되고 이 사람에게 여러 단계의 이익과 손실이 발생하는 경우를 생각해보자.
그 사람이 10만 원이라는 이익을 획득했다고 치자. 그런데 여기서 이 사람에게 정확히 같은 확률로 10만 원을 더 얻거나 혹은 10만 원을 잃을 수 있는 선택지가 주어진다. 보편적인 인간심리에 따르면 여기서 10만 원을 추가적으로 획득할 경우 얻는 만족감은 최초로 10만 원을 얻었을 때의 만족감만큼 크지는 않다. 대신에 이미 얻었던 10만 원을 잃고 다시 준거점(0원)까지 돌아가는 것은 상당한 상실감을 일으킨다.
여기서 실제의 인간은 이익을 더욱 확대시키려다가 가진 것마저 잃기보다는, 실제로 어느 정도 발생한 이익을 확정함으로써 현재의 만족을 잃지 않으려는 결정을 내리게 된다.

반대로 그 사람이 10만 원을 이미 잃었다고 치자. 그런데 여기서 이 사람에게 정확히 같은 확률로 10만 원을 더 잃거나 혹은 잃었던

10만 원을 회복할 수 있는 선택지가 주어진다. 보편적인 인간심리에 따르면 여기서 10만 원을 추가적으로 잃을 경우 얻는 상실감은 최초로 10만 원을 잃었을 때의 상실감만큼 크지는 않다. 대신에 이미 잃었던 10만 원을 다시 얻고 준거점(0원)까지 돌아가는 것은 상당한 만족감을 일으킨다.

  여기서 실제의 인간은 어느 정도 발생한 손실을 확정하기보다는, 추가적인 손실리스크가 있더라도 애초의 준거점까지(손실 회복) 상황이 개선되는 것을 기다리려는 결정을 내리게 된다.

  즉, 이익이 확대되는 구간에서는 리스크를 회피(이익을 확정)하고자 하는 경향이 생기고, 손실이 확대되는 구간에서는 리스크를 추구(손실폭이 커지더라도 개선되는 쪽에 베팅)하고자 하는 경향이 있다. 전망이론(가치이론)에 따르면 사람들의 투자의사결정 방식은 이렇게 이익이 나는 구간과 손실이 나는 구간에서 주관적으로 크게 바뀌며, 이것은 같은 수준의 이익과 손실 중에서 손실을 더욱 크게 느끼는 감정적 요인 때문이다.

■ 준거점의 이동

행동경제학(행동재무론 포함)의 기초적 개념에 해당하는 전망이론(가치이론)에 있어서 앞서 설명한 바와 같이 주관적인 준거점이 중요한 영향을 끼친다. 한편, 애초에 마음속에 심어진 준거점도 주관적일 뿐 아니라, 준거점이 순전히 주관적인 관점에서 이동하기도 한다.

예를 들면 중장기 평균적인 실적 하에서 중장기 평균적인 주가 수준이 **PER** 10 정도인 평범한 종목이 있다고 하자. 이 종목이 평균적인 주가 수준인 **PER** 10이 되려면 최근 실적(당기순이익 혹은 주당순이익) 기준으로 적정한 주가가 대략 20만 원이 되어야 하고, 현재의 주가는 15만 원이라고 하자. 그럴 때 이 주식을 매수한 투자자가 15만 원의 매수가에서 주가가 20만 원으로 올랐을 경우, 보수적인 역발상 투자자라면 20만 원에서 전량 매도해야 옳은 것이고 보다 적극적인 역발상투자자라면 20만 원에서 분할매도를 시작하여 극단까지 주가가 과열되는 과정에서 매도를 마무리해야 하는 것이다.

실제로는 중기적으로 목표주가를 그렇게 잡고 매수매도 해야 한다. 하지만 해당 종목이 20만 원을 넘을 때쯤 해서 언론에서는 해당 종목의 유망함을(기업의 회장이나 CEO, 기업 자체의 인터뷰 등의 형태로) 보도하고, 금융기관 보고서에서는 기업의 장래 실적과 사업전망을 밝게 분석하기 시작한다. 또한 주변에서 그 종목이 좋다는 소리를 듣고 이제야 수많은 투자자들이 현명하게(실제로는 어리석은 군중투자자들이지만 모든 것을 좋게 보려는 보유자 입장에서는 이들도 현명해 보인다) 해당 종목들에 큰 관심을 보이면서 주가가 25만 원에 이르기까지 매수세가 몰리기 시작한다.

이때 15만 원에 매수한 투자자는 25만 원에 주가가 이르렀을 때 기업의 펀더멘털을 더욱 좋게 오해하고(주변의 보고서, 칭찬, 관심 일색과 자신의 욕심이 합작으로 일궈낸 오해) 스스로에게 확신을 주면서 최종 목표주가를 더욱(이를테면 금융기관 보고서의 목표가 35만 원보다 조금 낮은 30만 원 정도로) 높인다. 즉, 현재 주가 25만 원일 때 목표가 최종 30만 원을 주관적으로 결정한 것이다.

이때 투자자의 마음속에서 미묘한 변화가(물론 불합리한 변화) 생기는데, 심리적 준거점이 15만 원에서 25만 원으로(본래 모든 기준을 적정주가인 20만 원으로 삼는 것이 원칙이지만 심리적인 인간에게는 애초에 15만 원과 25만 원의 준거점밖에 없다) 옮겨진 것이다. 이후 25만 원의 주가에서 21만 원으로 주가가 떨어질 경우, 사실은 객관적인 기준으로도 적정한 가치범위인 20만 원을 넘어섰기 때문에 매도를 통해 수익을 낼 수 있으며, 주관적인 최초 준거점(15만 원) 기준에서도 많이 올랐기 때문에 매도하는 것에 심리적 저항감이 없는 것이 정상이다.
하지만 준거점이 25만 원으로 옮겨졌기 때문에(순전히 군중적인 감염 현상과 무의식적 욕심으로) 현재 주가 21만 원은 4만 원 손실을 보고 있는 상황이 된다. 그러므로 손실회피 감정에 휩싸일 경우(25만 원이라는 새로운 본전심리) 21만 원에서 매도하지 못하고 18만 원, 14만 원 등 계속

하락할 때까지 본전 25만 원에 회복할 것만을 기다리는 것이다.

물론, 그러다가 금융기관 보고서도 더 이상 나오지 않거나 어두운 전망을(목표주가를 더더욱 낮게 제시) 설명하고, 인터뷰 기사는 찾아볼 수조차 없으며, 군중투자자들도 대거 해당 종목에서 탈출하면서 손절매를 시작하면서 10만 원 정도로 주가가 떨어지면, 투자자는 여기서 더 주가가 떨어질 수 있고(10만 원보다 훨씬 아래로, 지하실 밑에 지하 2층, 지하 3층으로) 장기적으로도 회복불가능할지 모른다는 공포감이 엄습하면서 심리적 준거점이 10만 원으로 뚝 떨어지게 되면서 '이제라도 더 손실이 나기 전에 매도해야지'라고 현명하게(사실 항상 기준은 20만 원이기에 더 매수하거나 홀딩하는 게 옳지만) 착각하면서 10만 원에 매도하게 된다.

간단하지만 평범한, 심리적으로 투자의사결정을 내리는 투자자의 사례를 들어 전망이론(가치이론)에서의 준거점 개념을 설명했다.

위 사례에서 깨달을 수 있듯이, 자신의 심리적인 최초 준거점과 이동한(역시 심리적인) 준거점이 어디에 있는지 스스로 파악함으로써 심리적인 최초, 이동 준거점에 의한 영향을 모두 없애고 실제의 사실, 실제의 가치, 실제의 적정한 목표수치를(위 사례에서는 20만 원 정도) 기준으로 매수매도를 해야 할 것이다.

이제까지 휴리스틱(감정과 주관이 개입된 어림 판단), 바이어스(한 쪽으로 쏠린 주관적 경향성), 전망이론(가치이론)과 준거점(객관적이지 않은 심리적인 기준 가격, 이익확정과 손실회피의 기준점) 등 행동경제학(행동재무론 포함)을 알기 위한 도입부를 정리했다.

다음 장부터 본격적으로 투자자들에게 도움이 될 행동경제학 세부 이론들을 살펴보고, 현명한 역발상투자자가 되기 위해서 자신에게 내재된 심리적인 약점을 알고 이를 회피하도록 하자.

3장. 투자를 위한 행동경제학 이론

1. 자기과신과 사후예측

　사람들은 기본적으로 자기 자신을 과신하는 오류를 보인다. 문제의 개념을 파악하기 쉽고 간단한 경우에는 자신이 그 문제를 해결할 수 있는지 없는지를 비교적 정확하게 판단할 수가 있다. 예를 들면 특정 클래식 악보를 받았을 때 이것을 피아노로 칠 수 있는지, 요가의 어떤 동작을 할 수 있는지 등 오해하기도 어렵고 문제를 돌려서 표현하거나 해석하기도 어려운 경우에는 의식과 무의식 모두 솔직하게 답변한다.

자기과신

하지만 문제가 좀 복잡하고 정확하게 지금 증명할 수 없으며 단편적인 요소보다는 종합적인 요소에 의해서 해결 가능한 경우에는, 사람들이 자신의 문제해결능력을 다소 과대평가하는 경향이 있다. 바로, 금융시장이나 개별 주식에 대한 전망 등의 문제에 대해서는 자신을 과신하는 경향이 있다. 이는 일반인들만 그런 것이 아니라 흔한 전문가들(의사, 변호사, 금융분석가 등)의 경우에도 자신의 능력을 과대평가하는 경향이 있다. 그들 역시 그들의 각종 문제해결능력(수술, 변론, 추정 성공률 등)에 대해서 실제의 성공률(혹은 승리율)보다 높은 성공률을 자신한다.

또한 자기과신은 문제를 접하자마자 생기는 인간심리의 오류이지만, 실제로 문제가 생각대로 풀려나갈 때 주로 성과를 자신의 능력, 자신의 선택 결과 등으로 믿고 싶어 하고, 또 실제로 믿는 경향이 매우 크다. 예를 들면 매수한 주식의 주가가 상승하면 그 주가 상승에는 다양한 요인이 있지만 자신의 분석결과 혹은 매수결정의 근거가 옳았다고 확신하게 되는 것이다. (이것은 정말 큰일이다. 더욱 과감하고 위험한 투자를 하다가 큰 손실을 입을 수 있다)

분명한 것은 대개 단기수익률은 투자자의 분석결과와는 거리가 먼 다른 우연적인 요소가 원인이 되는 경우가 많고, 장기수익률의 경우에는 투자자의 분석결과가 옳으면 주가가 상승하고 분석결과가 틀렸으면 주가가 상승하지 않는다는 점이다. 단기적인 주가는 주식의 펀더멘털과는 무관하고 장기적인 주가는 주식의 펀더멘털을 벗어날 수 없기 때문이다. (단기적으로는 각종 악재와 호재, 군중심리의 움직임에 따라 주가가 변해도, 장기적으로는 모든 주가는 내재가치에 수렴한다)

사후예측 편견

　인간이 자기 자신을 과신하는 경향에서 비롯된 또 다른 현상으로 사후예측편견이라는 개념이 있다. 사후예측편견이란, 실제로는 어떤 사건의 미래 결과를 알지 못했음에도 불구하고 시간이 흘러 결과가 나오면 마치 이전부터 그 결과를 예측, 추정했던 것처럼 오해하는 경향이 있다는 것이다. (기본적으로 나약하고 비합리적인 인간의 본성은 자신이 틀렸다는 것을 굉장히 인정하기 싫어하고, 마음으로부터 거부한다고 한다. 약점과 오류를 딛고 성장, 성공하는 사람들이 소수인 이유일 것이다)

　사후예측편견은 교묘한 방식으로(대부분 무의식이 원하는 방향으로) 비합리적인(두루뭉술하고 애매모호한) 자신감을 강화하는 역할을 한다. 자신의 생각과 능력을 구체적이고 객관적으로 살펴보는 성찰능력이 없는 대부분의 사람들이 이러한 편견을 피해가기 어려우며 자신의 분석, 추정, 예측능력을 과신하는 나머지 돌이킬 수 없는 실수(투자 외의 다양한 분야에서)를 일으키게 된다.

　꼭 사건이 일어나고 나서야 그럴 줄 알았다고 생각하는 형태만이 아니라, 과거 사건이나 사례에 대한 전문가의 분석내용이나 전문기관의 발표내용을 보면서 자신도 그렇게 해석했었다고 사후적으로(과거에는 그렇게 판단하지 않았으나 지금은 그렇게 판단했었던 것처럼) 끼워 맞추는 것 역시 사후예측편견에 해당한다. 자신의 해석, 판단능력을 전문가, 전문기관과 유사하게 생각하는 것이다.

하지만 대부분 그렇게 미리 해석하지 못했을뿐 아니라, 개략적으로 비슷한 의견을 갖고 있었던 일부 사람들의 경우에도 의견이 유사하다고 해서 해석 및 판단수준이 같지는 않다는 점을 간과하고 있는 것이다.

사후예측편견의 예를 들자면 리먼브러더스 사태 이후의 글로벌 금융위기가(버블이 꺼지는) 올 것을 진정으로 분석, 추정했다면 투자자산의 상당부분을 현금화했어야 한다. 그렇지 못하고 투자자산의 손실은 앉은 채로 구경만 할 수밖에 없었다면, 사전에 금융위기가 터질 수밖에 없을 정도로 버블이 있었다는 것을 구체적으로 확신하지는 못했다는 이야기다.

사후예측편견과는 조금 다른 형태이지만 자신의 판단에 비합리적인(과도한) 확신을 가지고 있는 경우로 확증편견을 들 수 있다.
확증편견은 자신의 판단이 옳다고 심리적으로 혹은 의식적으로 확신하고 듣고 싶은 정보와 의견만 듣고, 자신의 판단과 다른 정보와 의견에는 귀를 닫는 경우이다. 자신의 판단이 틀리기를 심리적으로 극심하게 두려워해서 다른 의견들이나 사실들에 대해서 귀를 닫아버리는 경우나, 자신의 지식과 판단을 확신한 나머지 다른 의견과 사실은 그저 무시해버리는 경우가 모두 해당되는데, 어쨌건 듣고 싶은 정보와 의견만 듣는 것을 확증편견이라고 말한다.

확증편견은 투자자의 입장에서 가장 피해야 할 행동으로, 이는 마치 일어날지 여부를 모르는 자연재해가 닥치지 않았으면 좋겠다는 기대감과 믿음, 확신 때문에 자연재해가 닥칠지도 모른다는 의견이나 정보는 애써 무시하면서, 자연재해가 닥치지 않을 것이라는 의견이나 정보만 수집하면서 자기의견을 강화하는 것과 다를 바가 없다. 가장 중요한 것은 자신이 자연재해가 닥칠 것으로 확신하거나 닥치지 않을 것으로 확신하는 것이 아니라(이것은 전혀 중요하지 않다) 실제로 자연재해가 닥치느냐의 여부이다.

즉, 중요한 것은 다양한 정보를 고려한 사실적이고 확률적인 결론이지, '어쨌으면 좋겠다'라는 쓸모없는 기대도 아니며 '어떠하리라고 기대한다'는 편견에 근거한 자기확신 강화도 아닌 것이다. (세상은 내 머릿속의 소우주가 아니라, 다른 주체들도 엄연히 존재하는 객관적인 장소이기 때문이다)

투자자는 자신이 매수한 종목의 주가가 올랐다고 해서 너무 자신의 투자능력을 과신하고 보다 더 위험한 투자전략으로 갈아타서는 곤란하며, 자신이 매수한 종목의 주가가 오를 만한 호재나 의견만 찾아다녀서도 곤란하다. 건조한 세상을 있는 그대로 볼 수 있는(모두가 최악을 외쳐도 사실을 보고, 모두가 좋다고 열광해도 사실을 보는) 투자자가 주식시장의 모든 수익기회와 수익률 중 가장 많은 몫을 가져가고 또한 오래도록 지속적으로 가져가는 것이다.

2. 주관적 확률 판단

확률이란 전체 모집단 중 어떤 사건이 발생하는 비율의 크기를 말한다. 발생확률이 12%인 사건에 대해서 우리는 이 사건이 일어나기를 12% 정도만 기대하는(혹은 우려하는) 편이 합리적이다. 12%보다 높은 비율로 일어나기를 기대하는(혹은 우려하는) 것은 비합리적인 일이다. 또한 발생확률이 70%인 사건에 대해서 우리는 이 사건이 일어나기를 70% 정도만 기대하는(혹은 우려하는) 편이 합리적이다. 70%보다 낮은 비율로 일어나기를 기대하는(혹은 우려하는) 것은 비합리적인 일이다.

(동어반복적인 당연한 이 문장이 이상하게 느껴지겠지만, 이하 인간의 주관적 확률 개념을 읽고 나면 당연한 이 문장을 다시 보게 될 것이다)

그런데 인간은 일정한 확률에 대해서도 감정적인 인식을 하게 되는데, 낮은 확률에 대해서는 그 발생비율을 과대평가하고 높은 확률에 대해서는 그 발생비율을 과소평가하는 경향이 있다. 인간이라면 무의식적으로 겪는 이 감정적 오류는 '결정 가중치'라고 말하며, 정해진 확률조차도 주관적으로 왜곡하여 받아들이는 현상이다.

예를 들면, 아주 낮은 확률로 내일 일어날 수 있는 자연재해나 사고에 대해서는 평범한 사람이라면 그 확률이 주어졌다고 하더라도(가령, 0.001%) 그 확률보다 크게 느끼는 것을 말한다. 그러므로 과도한 경쟁만 없을 경우 보험상품의 수익구조는(왜곡해서 인식하는 확률

차이만큼) 역사 이래 지금까지 탄탄할 수밖에 없는 것이다. 또한 복권 사업 역시 실제 당첨확률보다 사람들이 기대하는 당첨확률이 높기 때문에(오해된 괴리율 차이만큼 수익을 낼 수 있는) 항상 수익이 좋은 사업이었다.

반대로 입시에 성공할 가능성이 75%인 학생은 75%의 자신감을 가지면 되고, 시합에서 성공할 가능성이 80%인 운동 팀은 80%의 자신감을 가지면 되지만, 학생은 75%보다 과소한 자신감을(무의식적으로 입시성공률을 75%미만, 실패율을 25%초과로 인식) 갖게 되고, 운동 팀은 80%보다 과소한 자신감을(승리확률을 80%미만, 패배확률을 20%초과로 인식) 갖게 된다.

인간은 확률을 수치 그 자체로 기계적으로 인식하지 않고, 직감적으로 '확실한 것'과 '불확실한 것', '불가능한 것'으로 나눈다. 그리고 불확실한 것을 인식할 때, 낮은 확률의 사건이 일어날 것을 과도하게 우려(기대)하고 높은 확률의 사건이 일어날 것을 과소하게 우려(기대)하는 경향이 있다. 그 결과 주식시장에 이상현상이 일어나고 주가가 고공행진을 했다가도 급락하고 계속 소외되기도 하는 것이다.

역발상투자자들은 이미 일어난 사건들이 다시 발생할 역사적인 확률과 주기, 사실에 기반한 향후 시나리오별 확률 등을 있는 그대로 인식할 필요가 있다. 단 한 종목에 투자하고 단기적으로만 투자할 경우에는 10%의 손실가능성이 커 보이고 90%의 수익가능성도 모자라 보이지만, 다양한 종목들에 투자하고 시기를 나누어 매수하고 중장기적으로 투자할 경우에는 10%의 손실가능성은 10%일 뿐이며, 90%의 이익가능성은 90%일 뿐이라는 것을 알아야 한다.

3. 최근성 편견과 평균회귀

사람의 기억력과 감정은 각각 객관적이지 않다. 게다가 기억력과 감정이 결합했을 경우(스스로 인간적 한계를 알고 사실과 기록을 회고하는 사람을 제외하면) 더더욱 주관적인 결론을 내리게 된다.

■ 최근성 편견

사람의 기억력과 감정의 특성상 발생하는 오류가 '최근성 편견'이다. 최근성 편견은 최근의 사건을 주로 기억하고 최근까지 일어난 일들이 앞으로도 이어질 것으로 생각하는 경향을 말한다.

주식시장이 크게 하락하여 실제로는 향후 기대수익률이 점차 극대화되고 있는데도 불구하고, 지속적으로 하락한 주식시장의 흐름이 앞으로도 이어질 것으로(하락할 것으로) 생각하여(오해하여), 투자에 관심을 끊고 손절매를 하는 행동은 최근성 편견에 의한 것이다. 반대로 주식시장이 지속적으로 상승하여 실제로는 향후 기대수익률이 점차 축소되고 심지어는 마이너스로 전환되고 있는데도 불구하고, 지속적으로 상승한 주식시장의 흐름이 앞으로도 이어질 것으로(상승할 것으로) 생각하여, 열광적으로 투자에 관심을 가지고 주식을 배우는 대중들이 늘어나는 현상도 최근성 편견에 의한 것이다.

또한 최근에 발생한 쓰나미나 대형 테러사건 등을 더욱 잘 기억하고 해당 사건들의 역사적인 발생주기와 발생빈도, 확률 등과 무관하게 관련 재해의 발생주기, 빈도, 확률 등을 크게 느끼는 것도 같은 편견에 의한 것이다.

최근의 사건에 더욱 큰 인상을 받고 더 잘 기억하게 되며, 특히나 감정적이거나 충격적인 사건(국내 전체 혹은 글로벌 차원에서 놀라거나, 슬프게 하는 등 파급력이 클수록)일수록 더욱 그 확률과 비중을 크게 인식하게 되는 심리적 결함 때문에, 모든 사건들의 근본적인 성격이나 장기적인 확률(장기통계의 힘은 강력하다)을 보지 못하고, 최근에 벌어졌고 더 강렬하게 남았던 사건과 현상의 발생확률을 크게 인식하고 오래 지속될 것으로 생각하는 것이다.

이와 같은 최근성 편견과 군중심리의 결합으로 주식시장은 최근의 사건에 과도하게 반응하여 상승장에서는 적정 수준을 넘어서 급등하기도 하고, 하락장에서는 적정 수준 이하로 급락하기도 하는 것이다.

기본적으로 역발상투자자는 보다 더 객관적인 수치들에 기반해서 분석, 판단하며 나아가서 중장기적인 발생빈도와 확률 등을 있는 그대로 인식해야 할 것이다.

예를 들면, 발생확률이 낮은 자연재해가 발생한 직후 보험사의 주가들이 폭락했다면 오히려 매수기회가 될 것이고, 단기적으로 상승하여 이미 고평가된 주식에 대한 최근성 편견(단기편향성과 같은 뜻)으로 대중들은 앞으로도 주가가 상승할 것으로 인식할 때 오히려 매도기회가 될 것이다. 반대로 특정 종목이 폭락한 후에는 추가적으로 폭락하리라는 두려움을 갖고 있고 언젠가 주가가 반등하리라는 판단도, 인내심도 없는 편이 군중투자자들이며, 역발상투자자들의 수익기회(기대수익률이 높은 매수기회)는 열리는 것이다.

(최근 것을 더 잘 기억하고 투자에 있어서 인내심은 없는 편이 대중들이라면, 역발상투자자는 중장기 통계나 객관적 확률을 중시하고 인내심을 갖고 좋은 기회를 차지하는 쪽이다)

평균회귀의 법칙

최근성 편견을 이해하고 역발상투자자로서 이를 역이용하기 위해서는 한 가지 개념을 알 필요가 있다. 바로 '평균회귀'의 법칙이다. 평균회귀에 대해서는 본서의 앞에서 어느 정도 설명했으므로 간단히 추가 설명한다.

기업의 모습은 장기 경쟁력과 성장률이라는 근본적인 펀더멘털, 즉 '원인'과 단기적인 실적과 재무상태인 '결과'로 나뉜다. 그 중 원인은(펀더멘털) 장기적으로 조금씩 변할 뿐 단기적, 중기적으로(4년 이하) 변하지 않는데 비해서, 결과는(실적과 재무상태) 단기적, 중기적으로 변한다. 또한 실적과 재무상태의 변화를 선반영하는 주가는 더더욱 급격하게 또 자주 변한다.

이때 평균회귀라는 개념은 단기, 중기적인 결과치가 장기적인 원인을 중심으로 그 위아래를 순환한다는 것이다. 원인(펀더멘털)에 비해서 결과(실적과 재무상태)가 과도하게 좋지 않은 시기가 지나가면 다시 결과가 평균치로 돌아오게 되고, 과도하게 좋았던 시기가 지나도 다시 결과가 평균치로 돌아온다는 뜻이다.

성실한 주체들을 각각 가정했을 때, 성실한(이하 생략) 운동선수의 기록, 학생의 성적, 직장인의 출근시각 등이 단기적으로 수치가 왔다 갔다 할 수 있어도 장기적으로는 평균치로 수렴하는 현상도 평균회귀 현상으로 볼 수 있다.

역발상투자자는 근본적인 펀더멘털을 과도하게 벗어난 가격변동에 대해서 평균회귀에 따라 이후 향후 고가 매도를 하기 위해 현재 저가 매수를 할 수 있고, 평균회귀에 따라 향후 다시 저가 매수를 하기 위해 현재 고가 매도를 할 수 있는 것이다. 이러한 역발상 전략은 최근성 편견으로 미래를 보지 못하고 인내심 부족으로 단기수익을 노리는 군중투자자들이 구사할 수 없는 투자전략이다.

4. 심적회계와 기준점, 손실회피

평범한 투자자의 마음속에는 비합리적으로 나뉜 회계 장부가 있다. 투자하고 있는 모든 자산의 현재 수익률과 기대수익률 등을 종합적으로 보고 있는 것이 아니라, 모든 투자자산을 여러 계정으로(주관적으로 나눈 여러 묶음) 나누어 따로따로 생각하는 경향이 있다.

■ 심적 회계

예를 들면, 보통의 투자자들은 개별 주식들과 펀드, 부동산과 채권 등 다양한 자산 별로 수익률과 손실률을 나누어서 생각하는 것은 물론, 개별 주식들 중에서도 마음속에서 경기변동형 업종, 경기방어형 업종, 성장업종 등의 수익률과 손실률을 따로 생각하는 경향이 있다.

전체 성과가 좋고 펀더멘털이 훼손된 자산이 특별히 없는 가운데 일부 큰 평가수익을 내고 일부 평가손실을 보고 있을 수도 있고, 일부 평가수익을 내고 있지만 펀더멘털이 일부 훼손된 자산이 있어 일부 평가손실은 물론 실제 투자손실 가능성이 커지고 있을 수도 있다. 그럴 때 일부 성과가 좋은 투자자산들이 전체 포트폴리오의 수익률을 리드하여 전체 성과가 좋다고 할지라도 하나의 자산이나 투자상품의 투자성과가 틀어지면 해당 투자가 잘못된 것으로 보는 것이다.

또한 각각의 투자자산에 대해서 마음속에서 다른 이름표(라벨)를 붙임으로써 자산의 실제 가치나 비중과는 다르게 심적으로(가치나 비중을) 인식하는 등 손익계산에 있어서 왜곡될 수 있고, 결과적으로 손실을 입게 될 선택을 하는 경우도 생긴다.

위와 같은 현상들은 '심적 회계'라고 하며, 다양한 심리적 요인으로 전체 투자성과를 왜곡하고 전체 수익률을 저하하게 된다.

구체적으로 심적 회계에 사로잡힌 투자자들은 전체 투자성과를 측정할 때 자산(포트폴리오) 전체의 수익률을 기준으로 판단하고 그에 기반하여 추가적인 매수매도 행위를 하기보다는, 개별 자산들의 최초 심리적인 준거점, 도중에 이동하고 조정된 심리적인 준거점, 개별 자산들의 손실회피 감정 등을 기준으로 따로따로의 기준으로 매수매도하게 된다.

그 결과 펀더멘털에 비해서 아직 주가가 충분히 상승하지 못했지만 어느 정도 주가가 상승한 종목들과 펀더멘털 자체가 예외적으로 훼손되어 주가가 매수가에 비해서 하락한 일부 종목들이 있을 때, 심적회계에 빠진 **왜곡된**(펀더멘털에 기반한 가치가 아니라 매수가격이 심리적 준거점일 경우) 판단으로 추가 기대수익률이 있는 종목들을 매도하고 펀더멘털이 훼손되고 기대손실률이 커지고 있는 일부 종목들을 매수하는 것이다. 심리적인 주관적 준거점, 손실회피 감정과 자산 별로 따로 생각하는 심적회계 등으로 복합적으로 왜곡된 판단을 함으로써, 향후 합계 수익률이 마이너스가 될 수도 있는 잘못된 투자의사결정을 하는 것이다.

항상 전체 수익률이 중요한 것이며, 개별 투자자산의 경우 최초 매수시는 물론, 보유시에도 그간 상승하거나 하락한 최종 주가를 기준으로 펀더멘털에 기반한 기대수익률이(적정 가치까지의 기대 주가상승률) 얼마나 되는가를 기반으로, 여전히 보유할 정도로 매력적인지 당장 매도해야 할 정도로 위험해졌는지를 판단해야 하는 것이다. 수익이 난 주식을 무조건 팔아야 하는 것도 아니며(펀더멘털 고려시 추가 기대수익률이 있으면 보유), 수익이 난 주식을 무조건 보유해야 하는 것도 아니며(추가 기대수익률이 없고 과열, 고평가되었으면 매도), 손실이 난 주식을 무조건 보유해야 하는 것도 아니고(펀더멘털이 예외적으로 크게 악화되고 있을 경우 매도), 손실이 난 주식을 무조건 매도해야 하는 것도 아니다.(펀더멘털에 이상이 없다면 오히려 추가매수해야 할 수도 있기 때문이다)

위와 같은 객관적인 사고와 투자의사결정을 해야 전체 포트폴리오의 수익률이 지속적으로 상승하는 것이다.

같은 돈이라도 애초에 투자한 투자원금만큼의 금액과 확정한 투자수익(성공적인 매도를 통해) 금액을 심리적으로 다른 계정으로 구분하여, 투자수익금의 경우 투자원금보다 훨씬 덜 중요하게 여기며, 보다 큰 리스크에 노출시키는 도박성 투자도 감행하는 경향이 있다. 사실 수익금으로 번 돈도 자신의 돈이고 애초의 투자원금도 자신의 돈이다. 수익금으로 번 돈이라고 해서 투자원금보다 덜 적극적으로 지켜야 할 이유가 전혀 없지만, 심적회계장부에서는 '번 돈', '공짜 돈'이라는 이상한 이름표가 붙은 채, 투자의 목적으로 쓰일 경우 '보다 투기적으로' 투자되고, 소비의 목적으로 쓰이더라도 '보다 헤프게' 소비되는 경향이 있다.

근로의 대가로 번 돈인가 투자행위의 대가로 번 돈인가, 투자의 원금인가 투자의 수익금인가 등과 무관하게 돈은 똑같은 가치를 지니고 있으며, 모두 잃지 않아야 할 자산(힘)이다. 유독 투자수익이 생기면 한 턱을 내고, 평소보다 과소비를 하고, 보다 위험한 자산에 도박성 투자를 하는 보통의 투자자들은 결국 최종수익률을 크게 낮추게 된다는 것을 알아야 한다.

■ 기준점과 손실회피

앞서 잠깐 언급했지만 매수가격이나 이후 변경된 주가를 심리적인 기준으로 삼는 행위에 대해 좀 더 이야기해 보자. 이를 기준점(혹은 준거점)이라고 한다.

항상 매수가격은 주식시장에서 해당 종목이 소외되고 저평가되었을 때를 기준으로 해야 한다. 역발상투자자라면 해당 종목이 가능하면 극심하게 소외될수록 그리고 저평가될수록 점점 더 분할매수를 가속화해야 하는데, 결론적으로 적정한 매수가격이란 해당 종목이 확실하게 저평가된 주가에서부터 저평가의 극단(군중투자자가 소외하는 극단)에 이르기까지이다. 저평가의 극단은 그 누구도 예측할 수 없으므로 분할매수가 가장 정답에 가깝다고 할 수 있는 것이다. 그리고 매도가격의 기준 범위는 중장기적인 펀더멘털을 고려한 적정 주가를 넘어서 고평가되기 시작했을 때부터 고평가 현상이 극단에 이를 때(군중심리의 열광이 극단에 있어 언제든지 하락 전환할 수 있는 시기)까지이다. 역시 이 사이의 주가에 걸쳐서 분할매도가 가장 정답에 가깝다고 하겠다.

그런데 심리적인 기준점에 사로잡힌 투자자는 최초 매수가에서 크게 주가가 떨어졌다가 오래도록 힘들게 기다린 결과 주가가 매수가로 회복하면 바로 매도하는 경우가 많다. 그것은 매수가까지 회복한 현재 여전히 기대수익률이 매우 높다는(펀더멘털을 고려한 적정 주가까지) 것과 무관하게, 심리적인 기준점보다 주가가 하락한 이후 손실회피 감정으로 매도하지도 못하고 안절부절 마음고생만 하다가(사실 이 시기는 분할매수를 해야 할 시기로 마음고생을 할 시기가 아니다) 이제야 본전까지 왔다는 안도감으로 마음고생을 털어버리는(매도) 것이다. 투자를 하면 적정한 목표주가를 갖고 있어야지 매수가를 기억해서는 안 되는데, 매수가 자체에 사로잡혀서 잘못된 투자의사결정(위에서는 매도)을 하게 된 것이다.

위와는 반대의 사례로, 최초 매수가보다 주가가 크게 올라서 적정한 가치보다도 더 높게 주가가 올랐는데 언론과 금융기관 그리고 군중투자자들이 모두 해당 종목의 미래를 더 좋게 보고 추가적인 주가상승을 기대하는 것에 영향을 받은 경우를 생각해 보자. 이때 평범한 투자자는 적정가치보다 더 높게 오른 당시의 주가를 새로운 심리적 기준점으로 삼고(새로운 심리적 본전) 금융기관 분석가들이 제시하는 목표주가를 자신의 목표주가로 삼는다. 이때 주가는 다시 하락하기 시작하고 투자자가 새로운 심리적 기준점으로 삼았던 주가는 고점이 된다. 이 투자자는 여전히 하락하고 있는 당시의 주가가 매수가는 물론이고 펀더멘털 대비 적정한 가치보다도 높지만, 심리적 기준점(고점)보다 하락했다는 이유로 욕심을 갖고 매도하지 못한 채, 단기적인 주가변동성으로 금세 최초 매수가로 하락할 때까지 그저 보유하게 되는 것이다. 이는 자신의 본전금액을 주식의 고점으로 바꿔서 생각함으로써 다시 그 주가에 갈 때까지는 손해를 보고 매도하지 않으려는 것이다.

위에서 몇 번 언급된 손실회피, 혹은 손실혐오 현상이란, 주식의 펀더멘털이 악화되면서 매수가보다 주가가 하락할지라도 손실을 확정하지 않고(자기 부정의 어려움, 두려움 등으로) 주가가 매수가까지(이 가격을 심리적인 본전으로 고정하고) 회복할 때까지 매도하지 않으려 하는 것을 말한다. 자신의 판단이 잘못되었다는 것을 인정하는 것과 손실을 확정하는 것은 모두 평범한 감정을 지닌 투자자들에게는 매우 어려운 일이다. 그러므로 본전을 회복하고자 하는 인간심리적 결함인 손실회피를 피하기 위해서는, 매수한 가격을 머릿속에서 지우고 항상 현재 주가 대비 기대상승률을 계산해야 할 것이다.

역발상투자자는 전체 자산의 장기수익률 극대화를 목표로 하되, 개별 자산별로는 시장에서 소외되고 저평가되었을 때 매수하여 시장에서 열광하고 고평가되었을 때 매도해야 할 것이다. 최초 매수한 주가를 본전으로 생각하는 본전심리에 빠지거나 시시각각 변하는 현재의 주가를 수정된 기준점으로 삼는 오류에 빠지지 말아야 할 것이다. 또한 모든 투자원금과 투자수익에 대해서 같은 원칙과 전략에 따라서 동일한 기준으로 매수하고 매도해야 할 것이다.

5. 인지부조화

사람은 실제로 발생한 사건을 자신에게 유리하게(대개 미묘한 차이지만 때로는 큰 차이로) 해석하고 설명하는 경향이 있다. 무의식적으로 마음이 편안한 방향으로 생각하고자 하는 것이다.

이렇게 자신이 생각하고 판단했던 내용과 실제로 닥친 사실이 다를 경우, 자기 자신이 틀렸고 이러한 실수(실패나 손실)의 원인은 자신의 판단이라는 것을 도저히 인정하지 못하고, 자신에게 유리하게 해석하는 것을 '인지부조화'라고 한다.

자신의 연평균 수익률을 과장해서 말하거나, 수익률이 좋았던 해의 수익률만 말하거나, 포트폴리오 전체 중에서 일부 성과가 좋았던 자산들의 수익률만 말하는 등 평범한 투자자들이 어떻게든 자신의 투자성과를 타인이 얕잡아보지 못하게 과장하는 것은 대표적인 인지부조화 현상이다. 또한 투자대상에 대한 분석을 잘못하여 추후 지속적인 주가하락과 더불어 예외적으로 해당 종목의 펀더멘털 자체가 악화될 경우(주가가 하락하는 종목들은 대체로 일시적인 어려움을 겪는 경우지만, 일부 펀더멘털이 악화된 경우도 있다) 펀더멘털이 악화되고 있다는 것을 여러 가지 방식으로 부인하고 인정하지 않으면서, 손실을 확정하지 않는(매도하지 않는) 것으로 자신이 틀렸다는 사실을 부정하기도 한다.

투자 관련 사례는 아니지만, 잘 익은 포도를 먹고 싶었던 여우가 결국 아무리 점프해도 높은 위치의 포도를 먹는데 실패하자 그 포도는 시고 맛없을 것이라고 말하며 '못 먹는 게 아니라 안 먹는 것'으로 자기자신을 속이면서 자리를 떠나는 이야기는 유명한 이솝우화의 에피소드이다. 결국 인지부조화는 자신의 마음을 달래주기 위한 심리 시스템이라고 볼 수 있으나, (앞서 강조했지만) 다른 모든 부문에서는 몰라도 투자 부문에서는 자신을 달래는 것이 아무런 의미가 없다. 오직 건조한 사실(팩트)과 논리적, 확률적인 의사결정만이 필요할 뿐이다.

인지부조화가 일단 발생하면 추가적인 문제가 발생하는데, 그것은 의견을 절대로 바꾸지 않고 새롭고 중요한 정보와 근거들을 무시하게 된다는 점이다. 사람은 자신이 최초 어떠어떠한 판단을 했고 그 판단에 따라서 투자를 했다면, 이후 애초의 판단이 틀리거나 판단의 근거가 된 미래 추정, 미래 시나리오 등이 틀리더라도, 그것을 인정하기 두려워하고 싫어하는(매우 자연스러운) 경향이 있다.

하지만 역발상투자자들은 자연스러운 심리적 보호시스템을 벗어나서 전체 투자자산 중 일부 자산에서 최초 판단이 틀린 부분이 있다면 과감하게 그것을 인정한 후, 매도할 것은 매도하고 손실을 일정 수준 이하에서 확정해야 한다. 자신의 판단이 잘못되었음을 인정하고 손실 폭을 줄이는 것이 나중에 재산이 크게 줄어드는 것보다 낫지 않은가. 자기 자신의 더 큰 미래 이익을 위해서 작게라도 지금 자기 부정을 할 수 있는 사람은 자신의 감정을 잘 통제해서 실리를 얻는 사람이며, 성공하지 못하는 평범한 사람들 틈에서 성공할 가능성이 매우 큰 사람이다.

(하지만 대체로 평범한 인간의 본성은 작은 손실을 인정하기 두려워한 나머지 어찌할 수 없을 정도의 손실까지 키우는 경우가 많다)

자신과 상관없는 일은 객관적으로 보거나 오히려 더 냉정하게 바라보면서 자신에 대해서는 과도한 융통성과 과도한 낙관성으로 사실을 가리는 인지부조화 현상은 문제가 자신과 직접 관련되었으며 그 정도가 크고 빠져나오기 어려울 경우 더욱 뚜렷해진다.

즉, 자신이 직접 판단한 것일수록 중요한 사람들의(가까운 사람들, 혹은 많은 사람들) 반대를 무릅쓰고 실행했을수록, 자신의 중요한 자산(비중이나 금액)이 투입되었을수록, 자신의 잘못을 더더욱 인정하기가 어려워지는 것이다.

인지부조화에 빠지지 않기 위해서는, 투자의 목적이 자신의 옳음을 증명하는 것이 아니라 수익을 내기 위함이라는 것을 되새기고, 투자의사결정 과정이나 의견을 타인들과 상의하지 말아야 한다. 또한 자신의 자산이 얼마나 크건, 자산 중 어느 정도의 비율을 주식에 투자했건 상관없이, 투자의 과정은 기대수익률이 높고 소외된 자산을 매수하고, 기대손실률이 높고 과열된 자산을 매도하는 것이다. 그리고 이 과정에서 일시적으로 생기는 포트폴리오 수익률 변동은 위험이 아니라 활용해야 함(자산별 비중조절) 기회임을 알아야 한다.

6. 보유효과, 매몰비용 효과

사람은 자신이 소중하게 생각하는 존재, 이를테면 배우자, 집, 차량 등을 실제의 구색보다 더 나은 것으로 인식하는(암시가 아니라 실제로 왜곡) 경향이 있다. 이러한 경향은 삶의 만족감을 높이고 사람들 간에 질투와 시기, 다툼이 발생하는 것을 막는 좋은 효과가 있다. 하지만 앞서 계속 강조해왔듯이 모든 감정적인 왜곡 시스템은 투자세계에 있어서만큼은 손실과 실패를 불러올 뿐이다.

사람들이 일단 특정한 자산이나 물건 등을 보유한 뒤에는, 보유하기 이전에 해당 자산이나 물건에 대해서 생각했던 가치보다 더 높은 가치를 부여하는 경향을 보이는 현상을 '보유효과'라고 말한다. 보유효과가 아주 극명하게 드러나는(사실 비합리적인 현상이다) 사례를 하나 들자면, 보석 수집 전문가가 일전에 자신이 경매장을 통해 구매한 보석의 종류와 등급, 디자인과 희소성 등이 정확히 일치하는 다른 보석을 경매장에서 보았다고 했을 때, 정확히 같은 가격의 가치가 있음에도 불구하고, 자신의 보석을 경매장에서 되팔려는 가격과 경매장에서 그 보석을 다시 사려는 가격에 차이가 난다는 것이다. 같은 보석이라도 자신이 보유한 것은 좀 더 비싸게 가치를 평가하고 비싼 가격이 아니면 팔지 않으려 하고, 자신이 새로이 살 경우에는 좀 더 싸게 가치를 평가하며 싼 가격이 아니면 사지 않으려 한다.

주식투자자의 경우로 사례를 들면, 어떤 주식을 매수하기 전에는 해당 주식의 장기이익성장률을 10% 정도로 보고 현재의 적정주가를 10만 원 정도로 보았는데, 일단 매수하고 나면 장기이익성장률을 12% 이상으로 보고 적정주가 역시 12만 원 이상으로 보는 경우를 말한다. (이처럼 20% 차이는 그나마 무난한 편이고, 실제로 이보다 큰 폭의 보유종목 왜곡현상이 일어난다)

투자업계에서는 '주식과 결혼하지 마라'는 말을 자주 하는데, 바로 보유효과로 인해 보유 종목들을 보다 낙관적으로 바라보면서 좋은 점은 부각시키고 나쁜 점은 무시하거나 일부러 축소시키지 말라는 뜻이다. 주식을 매수하기 전이나 매수 후 보유했을 때, 그리고 매도한 후 등 각각의 경우에 해당 주식에 대해서 항상 객관적으로 보아야 할 것이다.

보유효과와 정확히 같지는 않지만 보상심리에 따른 매몰비용 효과도 조심해야 할 왜곡현상이다. 매몰비용은 잘 알려진 경제학 용어로써, 이미 투입한 비용, 시간, 에너지 등을 아까워하면서 미래의 의사결정에 이를(이미 투입된 자원들의 가치를) 반영하는 것을 말한다. 항상 경영상의 투자결정을 하거나 투자자가 매매결정을 할 때에는 미래의 수익금액과 리스크 대비 현재의 투입금액을 평가해야 하는 것이다.

예를 들면, 지금까지 **A**프로젝트에 들어간 돈이 200억 원에 달할지라도, 현재 투입가능한 자금 300억 원을 지금부터 **A**프로젝트에 추가로 투자할 경우 회수금액이 550억 원, **B**프로젝트에 신규로 300억 원을 투자할 경우 회수금액이 650억 원이라고 하면, 당연히 **B**프로젝트에 투자해야 하는 것이다. 이미 투입된 200억 원을 아까워하면서 A프로젝트에 300억 원을 더 투입해봤자 회수금액은 550억 원으로 50억 원의 수익이 나지만, 이미 투입된 200억 원을 버릴지라도 B프로젝트에 300억 원을 투입할 경우 회수금액은 600억 원으로 오히려 100억 원의 수익이 발생하는 것이다. 하지만 매몰비용에 빠진 경영 의사결정자는 A프로젝트를 실패한 프로젝트로 만드는 것을 두려워한 나머지 50억 원의 수익을 줄이더라도 A프로젝트에 추가 비용을 투입하는 실수를 저지를 수 있다.

주식 역시, 어떤 업종이나 업종 내 몇 개 기업들에 대해서 장기적으로 깊이 있게 지켜보고 분석한 후(노력과 에너지의 매몰비용) 매수했을 경우, 다른 업종이나 업종 내 기업들이 실제로 더 투자매력도가 크다는 것을 나중에 알게 되었을지라도 매몰비용 효과로 종목들을 갈아타지 않을 수 있다. 또한 오래도록 보유하면서 주가하락으로 마음고생을 한 종목에 대해서, 일시적인 주가등락이 아니라 펀더멘털 자체가 훼손되어 주가가 근본적으로 하락했음에도 불구하고, 그간 보유했던 시간의 길이, 관심을 갖고 실적과 뉴스를 추적해온 노력 등의 매몰비용 때문에 본전을(매수가격) 회복할 때까지 매도하지 못하는 경우도 있을 수 있다.

역발상투자자는 내 손에 있는 종목이나 아직 주식시장에서 매수를 기다리는 종목이나, 내 손에 있다가 다시 팔아버린 주식이나 모두 똑같은 관점, 똑같은 객관성으로 보아야 한다. 애초에 적정한 매도주가를 정했으면 자신이 매수한 이후 보유효과로 인해 매도주가를 일방적으로 더 올리면 안 된다. (분할매수를 시작해야 한다)

7. 근본적, 근시안적 리스크와 수익률

　장기적으로 주식이라는 자산의 복리수익률이 부동산, 채권, 금, 원유, 기타 각종 원자재 등의 복리수익률과 비교해서 가장 높다는 것은 역사적으로 잘 알려진 사실이다. 그런데 왜 수많은 투자자들은 주식을 여전히 위험한 자산으로 여기고 주식에 투자하지 않으며, 또 수많은 주식투자자들은 그런 장기수익률이 높은 주식시장에 참가하면서도 시장평균보다도 훨씬 낮은 수익률을 보이거나 심지어는 손실이 나는가. 장기수익률이 높은 투자대상에 투자해서 손실이 난다는 것은 정말 이해가 가지 않을 것이다. 하지만 원칙과 전략을 무시하고 정보와 감정에 의존해서 투자하는 태반의 투자자들은 반드시 손실이 난다.

　그것은 대부분의 사람들이 리스크와 수익률에 대해서 매우 근시안적이기 때문이다. 주식시장이나 특정 업종 혹은 업종 내 주식의 과거를 분석할 때도 최소 5년, 충분하게는 10년 이상 검토하는 투자자들이 거의 없으며, 주식시장이나 특정 업종, 혹은 업종 내 주식의 미래를 추정할 때도 짧으면 향후 2~4년, 길면 5년 이상 추정하는 투자자들이 거의 없기 때문이다. (이렇게 해야 좋다는 이야기다)
　주식이라는 자산은 기업의 소유권으로, 업황의 호불황을 겪으면서도 꾸준히 성장하는 평균적인 상장기업들의 본질적인 특성과 장기적인 실제 주가추이를 고려하면, 중장기 분산투자의 경우 실패가능성이 없는 전략이다. 하지만 태반의 투자자들은 주식의 단기적인 주가변동성에 휩쓸려서, 상승이 과열되어 실제로 위험할 때는 열광적으로 매수하고, 하락이 다 끝나갈 때는 극심한 두려움에 매도하는 등 손실을 보고 실패하게 된다.

일반투자자들이 생각하는 근시안적인 수익률은 주가의 단기적인 상승이고 근시안적인 리스크는 주가의 단기적인 하락이다. 이것은 사실 수익률도 아니고 리스크도 아닐뿐더러, 이런 형태의 수익률과 리스크는 완전히 랜덤(random)으로 도박이나 운과 다를 바 없다. (필자가 제일 싫어하는 것이 도박이다. 도박은 성과를 통제할 수 없다)

주식의 수익률은 해당 기업의 장기복리수익률과 매수 시의 일시적 기대수익률 두 가지의 합산으로 구할 수 있다. 이를테면 특정 기업의 장기 이익성장률이 15%이고 현재 적정한 가치 수준보다 현재 주가가 50% 싸다면(이를테면 100원짜리를 50원에 판매), 해당 기업의 장기 복리수익률은 15%이고 일시적 기대수익률은 100%(50원에 사서 100원으로 회복되면)인 것이다.

그리고 주식의 리스크는 단기적인 가격변동성이 아니다. 복리성장률이 10%인 기업과 15%인 기업, 20%인 기업 모두 단기적으로는 주가가 상하로 크게 진동할 수 있으며, 이런 현상에는 아무런 근본적인 원인결과도 없고 랜덤에 가깝다. 하지만 중장기적으로 주가는 기업의 가치에 수렴하고, 복리성장률의 크기는 기업가치 성장률의 크기와 정확히 동일하기 때문에, 기업의 적정한 주가는 장기적으로 복리성장률만큼 복리로 상승하며, 단기적으로만 적정한 주가를 웃돌거나 적정한 주가 아래로 내려가거나를 반복할 뿐이다.

주식의 리스크는 바로 기업의 이익창출능력과 이익증가율이 훼손될 가능성, 훼손되는 정도를 말한다. 기업의 이익창출능력, 이익증가율이 훼손될 가능성이 커지거나, 실제로 추세적으로 훼손될 경우 주식의 가치 범위 자체가 하락하게 되고, 이는 적정주가 자체가 하락하는 결과로 이어진다. 적정주가보다 위로 상승했다가 아래로 내려갔다가 하는 단기적인 주가의 중심 기준(혹은 평균 기준) 자체가 하락하는 것이다.

요컨대 역발상투자전략에 더하여, 근시안적으로 주가의 등락에 집착하기보다는 근본적인 관점에서 주식의 두 가지 기대수익률(장기복리 기대수익률 및 일시회복 기대수익률)을 노리고, 주식의 실제 리스크를(기업의 이익창출능력, 이익증가율 훼손) 충분히 검토함으로써 방지하도록 하면, 절대로 투자에 실패할 수가 없는 것이다.

그리고 근시안적 투자태도에서 벗어나기 위해서는 보유 종목들의 주가가 아무리 궁금하더라도 주가를 보다 덜 자주 확인하고 수익률 점검을 보다 뜸하게 한다면, 대부분의 보통투자자들도 자신들의 투자수익률을 훨씬 높일 수 있을 것이다.

8. 후회기피와 군중심리

　사람은 후회하지 않으려는, 후회할 일을 인정하지 않으려는 본능(심리적 약점)이 있다. 그러므로 일단 손실이 발생할 일을 감수하지 않으려고 하면서도, 실제로 손실이 발생하기 시작했을 때는 그것을 끝까지 인정하지 않으려고 하는 이율배반적인 태도를 보이는데 이것이 '후회기피' 현상이다.

　수익이 나고 있지만 펀더멘털을 반영한 주가까지 아직 갈 길이 먼데도 빨리 수익을 확정하는(혹시라도 주가가 다시 내려갈까 봐 두려워서) 매도 행동, 펀더멘털 자체가 훼손되고 적정한 주가 자체가 하락했기에 추가적인 주가하락이 발생할 것이 확실하지만 손실에 대해 후회할 것이 두려워 그대로 보유하는(언젠가 본전까지 회복하리라 헛된 기대 속에) 보유행동이 모두 후회기피 현상의 일환이다.

　주식이란 자산의 특징은 단기적으로는 가격등락이 심하기 때문에 과열과 소외 등 심리적인 역발상 기준, 펀더멘털 대비 저평가 등 가치적용 역발상 기준을 전혀 갖지 못하면 가격등락의 희생자(오를 때 욕심을 내고 덤벼들고, 내릴 때 겁을 먹고 매도하는 실패자)가 되지만, 장기적으로는 다른 모든 투자상품 대비 장기복리수익률(누적수익률)이 탁월한 자산이다. 그러므로 중장기적인 시야를 가지고 좋은 종목들이 극심하게 소외되고 저평가되었을 때 매수해서 시장의 관심을 받고 고평가되기 시작할 때 분할매도 할 경우 절대 실패할 리가 없다.

　하지만 아무런 지식 없이 주식시장에 뛰어든 군중투자자들의 경우 단기적으로 시장등락을 역이용하면서 장기수익률을 높이 쌓아가기보다는, 아쉽게도 단기적으로 시장등락에 휩쓸리고 손실을 보면서 장기적으로 실패하게 된다. 이런 경험이 주기적으로(3~4년마다) 반복되다 보면 주식 자체를 위험한 것으로 여기고 후회할 일을(손실) 만들지 않기 위해서 주식투자 자체를 멀리 하는 것도 일종의 후회기피(넓게 보면) 현상으로 볼 수 있다.

그러나 인간의 가장 큰 강점이자 약점(때에 따라서 다른 부문에서는 강점이지만 투자에 있어서는 두드러진 약점) 중의 하나가 순응과 모방 현상이다. 보다 잘 알 것이라고 생각되는 사람들의 의견(이런 믿음 때문에 일부 경제학자들의 예언대로 투자한 희생자들은 항상 넘친다), 보다 많은 사람들이 동조하는 의견(저렇게 많은 사람들이 설마 모두 잘못 판단, 실패할 리가 없다는 오해) 등에 순응하고 모방하고자 하는 인간의 특성 때문에, 결국 주식을 두려워하던 사람들도 주식시장이 고평가에 가까워질수록 다시 주식시장에 참여하고 싶어지는 것이다.

혼자 잘못된 판단을 하게 되면 상실감이 매우 크며(사실 함께 잘못 판단하건, 혼자 잘못 판단하건 결과는 완전히 똑같지만) 다들 같은 판단을 한다면 틀려도 억울하지 않을 것 같고 또 머릿수에 의한 자신감도 크게 솟는다. 결국 후회기피 현상에 사로잡힌 사람들은(초반부터 시장의 수익을 누리는 것이 아니라) 군중심리가 본격적으로 형성될 때나 되어야 군중의 의견과 언론(군중의견과 대세를 뒷받침하는)의 의견에 의존하면서 후회기피에 대한 두려움을 극복한다. (용기를 내야 할 때는 두려움에 떨고 있다가, 정

확히 두려움을 가장 크게 느껴야 할 때 용기를 크게 내는 것이다)

군중의 특징은 지식은 없거나 짧고 욕망은 크다는 것이다. 유럽 남부국가 중 하나인 그리스에서 40대 중반부터 연금을 받아왔던 포퓰리즘 정책을(그리스 공공기관의 부패 역시 심했지만, 너무 이르고 심각한 샴페인 터뜨리기 역시 문제인 것은 기정 사실) 보자. 현대사회가 복잡하게 발전할수록 교육기간은 길고 평균수명도 길어지는데 '한창 경제활동을 하고 경력 업그레이드/전환 교육을 병행할 나이에 연금을 받기 시작하는' 것에 국민들이 동의했다는 것은 정확히 군중들의 욕심이 어디까지이고 이성이 얼마나 짧은지(욕망이 관여되는 한 이성은 짓눌린다) 상상할 수 없을 정도임을 알 수 있다.

군중은 요구되는 것이 없이(지식, 돈, 에너지 등의 투입) 최대한 큰 것을 얻는 것을 거리낌 없이(그 파장과 부작용 따위는 생각하지 않고) 기대한다. 투자세계에서 예를 들어 말하면, 군중들이 가장 주식투자에 열광하고 팔을 걷고 부채까지 지고 투자할 때는, 시장에 잠깐만 돈을 집어넣으면 짧은 기간 동안에 수십 퍼센트의 수익이 나오리라 기대될 때이다. 그들이 이런 투입없는 큰 성과를 기대할 때는 대개 지금까지 주가가 지속적으로 상승해온 시점이며, 오르는 주가가 주식시장에 사람들이 모이게 하고, 모인 사람들이 다시 주가를 올리는 것이 반복되는 고평가된 상승장(일시적이고 언제 끝날지 모르는 현상이지만, 참가자들은 그런 생각을 전혀 할 겨를이 없는)인 것이다.

하지만 세상에 어디 공짜 점심이 존재하던가. 남들보다 가치투자, 역발상투자에 대해서 알지 못하고 기업의 사업분석, 재무분석, 가치평가와 거시경제 이해, 분산투자운용 등을 전혀 이해하지 못하는 투자자가 돈을 벌 수 있는 주식시장은 전 세계에 존재하지 않으며, 역사적으로 존재한 적도 없다.

세상은 정직하다. 공부한 것 없고 투자의 경험도 없이 돈을 벌 수 있을 듯한 기대로 군중들이 주식시장에 몰려들면, 공부하고 경험 많은 투자자들은 이미 거품까지 즐기면서 수익을 확정하기 시작하고, 군중들은 정확히 마지막 파티의 순간을 즐기는 동시에 주가급락에 따른 뒤처리를 하게 된다. 즉, 고가 매수로 군중투자자들의 자산이 주식시장에 묶이고, 주가가 점점 바닥에 가까워질수록 더욱더 매도로 손실을 확정하는, 지저분한 청소(깨끗해지고 저평가된 주식시장은 또다시 역발상 가치투자자들의 이른 파티장이 된다)를 마지막으로 시장에 진입한 군중들이 하게 되는 것이다.

(누가 군중들이 손실을 보게끔 사기를 친 것이 아니다. 아는 만큼만 가져간다는 원칙에 만족하지 않고 몰라도 가져가고자 했던 욕심 때문이다)

역발상투자자라면 다른 사람들이 모두 갖고 있는데 나만 안 가진 현상, 다른 사람들이 이익을 보는데 나만 이익을 내지 못하는 현상, 다른 사람들이 모두 알고 있는데 나만 모르고 있는 현상 따위에 하등 신경을 쓸 필요가 없다. 양과 질을 떠나서 가져야 할 것을 가지는 것이 중요한 것이며(남이 가진 것을 가지는 것이 아니라), 기대이익이 극대화된 구간에서 투자하고 기대이익이 최소화 내지는 마이너스로 전환할 때 투자액을 회수하기 시작해야 하며(남들이 이익을 내면 나도 투자하는 것이 아니라), 알아야 할 것을 알고 관심 끊어야 할 것을 무시해야(남들이 아느냐 모르느냐는 전혀 기준이 되지 않는다) 한다.

보다 넓은 의미에서 말하면, 사람들이 옳다고 여기는 것, 필요하고 좋다고 여기는 것에 순응하고 동조하는 것 아니라 실제로 옳은 것, 필요하고 좋은 것을 추구해야 한다.

대개 남과의 비교란 무엇이 좋은지, 기준은 어떠한지, 내가 잘 하고 있는지에 대해서 확신이 없을수록 하게 되는 것으로, 대한민국 주식투자 성공시리즈의 독자들은 투자를(그 외에도 인생의 모든 도전과 과정들을) 잘 하기 위해서 무엇을 익혀야 하고 어떻게 나아가면 되는지를 독립적으로 결정할 것을 진심으로 바란다.

4장. 행동경제학적 조언

1. 주식시장에서 무너지는 인간심리

사람 스스로를 편안하게 하는 여러 가지 특성들을 우리는 '인간적이다'라고 표현한다. 사람은 사랑할 때 인간적이며 먹고 싶은 음식을 먹을 때도 인간적이고, 지극히 불쌍한 사람들을 동정할 때도 인간적이며, 화내거나 공감할 때도 인간적이다. 한 사람의 가치투자 전문가인 필자 역시 일상생활 속에서는 지극히 인간적인(허점이 많은) 한 사람일 뿐이다.

하지만 한바탕 폭력과 미학으로 멋들어진 액션영화를 보고 나서 인간적인 감정 활동으로 굉장히 흥분해 있다고 하더라도 운전대를 잡기 전에는 흥분을 가라앉혀야 한다. 그와 정확히 마찬가지로 한 명의 인간으로서 평소 사랑과 동정, 분노 등 희로애락에 따라 생활할지라도 주식투자 의사결정을 할 때는 그런 모든 감정을 내려놓고 (마치 요리사가 음식을 하기 전에 모자를 쓰고 소매를 걷듯이) 냉정한 이성만 가지고 와야 한다.

지금까지 행동경제학(행동재무론 포함)의 관점에서 인간에게 얼마나 많은 감정적 오류가 있으며, 마치 함정과 늪, 무너진 다리처럼 감정이 투자의 세계에서 얼마나 위험천만한(손실을 보게 하는) 원인인지 알아보았다.

구체적인 행동경제학 이론들이 어떻게 손실로 이끄는지 앞에서 살펴보았다면, 여기서는 주식시장에서 무너지고, 실패하고, 추락하게 하는 인간의 기본적인(아마도 원시적 본성이나 무의식에 가까운) 심리에 대해 간단하게 마지막으로 정리하고 본서의 마무리를 맺을까 한다.

■ 완전한 결과적 평등에의 환상

　우선 사랑이나 우정, 건강이나 직업적인 소명의식 등에서는 전혀 문제가 없지만 투자의 세계, 부의 세계에서만큼은 치명적인 독이 되는 심리적 약점이 있다. 그것은 완전한 결과적 평등에 대한 환상이다. 사랑과 우정, 건강이나 직업에의 만족도 등은 굳이 타인과 경쟁해야만 하는 것은 아니다. 그런 부문에서는 스스로 기회의 평등은 물론 결과의 평등까지(다소 주관적일 수도 있지만) 누리려고 하는 것이 결코 착각이나 오해가 아니다.

　하지만 투자의 세계, 부의 세계에서는 완전한 결과적 평등이란 존재하지 않는다. 물론 특정 정치 형태에서는 완벽히 빈곤해진 하향 평준화가 있기는 하지만 자유시장경제, 자본주의 하에서는 없다. 본서는 주식투자에 대한 책이므로 주식투자에 대해서만 말하자면 '모든 사람들이 큰 돈을 번 순간, 모든 사람들은 돈을 잃기 직전에 있는' 상황인 것이다.

　주식투자의 체계, 투자에서 성공하기 위한 지식과 지혜에 있어서 모든 투자자들의 수준은 다르다. 완벽한 수준, 높은 수준, 중간 수준, 낮은 수준, 문외한으로 대략 구분해보면(구분단계를 늘리든지 줄이든지 전혀 상관없다. 단지 전체 주식매매자들을 구분하는 것이 핵심), 세상 이치에 대체로 맞아떨어지는 파레토 법칙대로 낮은 수준과 문외한의 비중이 (집단 구성원의 수가) 가장 크다. 낮은 수준과 문외한마저 주식시장에 확신을 가지고(모르는 사람일수록 확신을 얻으려면 주식시장이 올라야 한다) 모두 재산을 나름대로 쏟아부어 매수를 완료하면, 어떤 미래가 남아있을까? 이들이 매수를 완료할 때까지 매도한 주체들이 있을 텐데, 군중들이 매수할 때 이들에게 주식을 넘긴 매도자들은 당연히 그 외의 주체들(주로 완벽한 수준과 높은 수준, 일부 중간 수준)이다. 이제 누가 비싸진 주식을 사줄 수 있을까?

아쉽게도 '아무도 없다.'

혹자들은 이렇게 말한다. 아는 것 없고 소액투자만 하는 가장 약한 투자자들이 주식을 사주지 않으면 누구도 주식으로 돈을 벌 수 없을 것이며, 약한 투자자들도 잃지 않을 것이라고.

한 가지만 맞고 한 가지는 틀렸다. 위 다섯 가지 구분 중에서 문외한들이 주식시장에 들어오지 않으면(낮은 수준과 문외한이 모두 들어오지 않아도 마찬가지) 이들은 주식으로 돈을 잃지 않을 것이다. 하지만 완벽한 수준, 높은 수준은 훌륭한 수익률을 지속적으로 낼 것이고, 중간 수준도 매매를 자주하지만 않으면 작지만 반드시 수익을 낼 것이다. 왜 그럴까?

주식시장은 상장사 전체의 장기이익상승률만큼 장기적으로 주가가 상승한다. 단기적으로야 더 빨리 상승하기도 하고 더 천천히 상승하거나 하락하기도 하지만 장기적으로는 반드시 상승한다. 개별 주식 역시 해당 기업의 장기이익상승률만큼 장기적으로 주가가 상승한다.

여기서 주식시장 인덱스가 되었건, 개별 기업의 주식이 되었던 싸게 사서 비싸게 팔면 수익을 내지만, 싸게 사기만 해도 수익을 낸다. 주식은 기본적으로 장기복리수익률이 다른 투자상품들 대비 압도적으로 높기 때문이다. (한국 주식시장 전체의 경우 지금까지 지난 수십 년간 연평균 8~12% 정도의 복리수익률을 보였고, 우량한 기업들은 15%가 넘는 복리수익률을 보였다)

그렇기 때문에 주식을 싸게 매수한 주체들이 주식을 매도할 주체가 없어도(군중투자자들이 들어오지 않아도) 주가는 중장기적으로 오를 수밖에 없다.

즉, 주식시장이란 정직한 곳이다. 투자분석, 평가, 운용 실력과 경험이 쌓일수록 수익률은 올라간다. 착한 사람이건 나쁜 사람이건 (나쁜 사람도 돈을 번다는 것은 참 안타까운 일이지만) 어리건 나이가 들었건 여자이건 남자이건 돈이 많건 돈이 적건 인물이 좋건 나쁘건 수익률과 아무런 상관이 없지만 단 한 가지, 투자실력과 경험이 충분하냐 문외한이냐에 따라서, 실력과 경험이 충분한 사람은 중장기적으로 반드시 큰 수익을 내고 문외한은 중장기적으로 무조건 크게 손실을 본다. 물론 단기적으로는 돌 지난 아이가 찍은 종목도 급등할 수 있고, 최고로 뛰어난 투자자가 매수한 종목도 급락할 수 있다. (하지만 단기적인 성과는 랜덤에 가까우며, 단기 실적으로 투자실력을 전혀 알 수는 없다)

주식시장에서는 무조건적인 결과의 평등이 존재할 수 없다. '모두가 부자가 되는 세상'은 주식시장에서 있을 수 없는 것이다. 그러므로 수익을 내는 쪽에 속하고 싶다면 투자지식을 쌓고 투자지혜를 길러야 한다.

  이웃이, 친구가, 친척이 주식으로 돈을 벌었다고 주식시장에 뛰어든다면 가장 늦게 돈을 갖다 바치는 문외한이 될 수 있다. 투자하기 전에 먼저 공부하라.

욕망과 감정적 선입견 배제

다음으로, 마음이 부를 욕망하게 하지 말고 '이성이 부를 획득하게'하라.

사람의 부에 대한 욕망은 거의 본능적이다. 동물과 달리 인간은 화폐 개념을 만들어서 의식주는 물론 기타 여러 가지 감각의 만족감, 심지어는 노동력을 부릴 수 있는 수단에 이르기까지 자산으로 누적시킬 수 있게 되었다. 너무나 폭넓은 것들을 가능하게 하는 부에 대한 인간의 집착은 논리적으로 형성된 것이라기보다는(만약 그렇다면 인류의 태반이 부를 덜 원할지도 모른다) 본능적이고 자연스럽게 존재하는 것이다. 그러므로 인간이 부를 욕망하는 것을 막을 수는 없다.

하지만 투자의 세계는 손을 내뻗어서 부를 가져갈 수 있는 그런 공간이 아니다. 창출되는 부를 누가 가져가는가 하는 문제가 투자실력 순으로 해결되는 장소이기 때문에, 투자의 세계에서는 부에 대한 욕망보다는 부를 얻기 위한 요령이 압도적으로 중요한 것이다. (하지만 대부분의 서민들은 부를 얻고자 하는 욕망이 큰 대신, 요령은 너무 부족하다. 서민일수록 공부가 절실하지만 안타깝게도 그들은 공부할 시간조차 적다)

부를 원하기만 하는 사람은 가진 것마저 뺏기는 곳이 투자의 세계이다. 부를 원하는 감정은 주식투자 의사결정을 할 때는 버려야 한다. 주식시장에서 꾸준히 그리고 높은 수익률을 내기 위해서는, 부를 얻는 요령에 집중하고 부를 얻고자 하는 조바심을 없애버려야 한다. 조바심을 내는 사람은 단기적인 주가등락에 재산을 잃을 것이고, 인내심을 발휘하여 요령 자체에 집중하는 사람은 재산을 장기적으로 크게(자가 성장을 할 수 없는 부동산은 상장기업의 소유권인 주식에 비할 바가 못 된다) 불릴 수 있을 것이다. 부를 얻는 요령은 주식투자의 필수적인 체계(지식과 지혜)를 익히고 이성으로(감성이 아니라) 주식시장과 개별 종목들을 대하는 것이다.

또한 인간적인 호불호 감정을 투자에서는 없애야 한다. 호불호의 감정은 실제 사실을 분석하고 확률을 판단할 때 상당한 주관을 개입시키고 왜곡된 의사결정을 이끌어낸다. 사람은 본래 어떤 사물이나 대상을 보면 직관적으로(전체적으로 훑어보고 판단하는 휴리스틱) 마음에 들고 안 들고를 결정하는 경향이(자신도 모르게 무의식적으로) 있다. 직관적인 판단이 호의적이 되면 이후 그 판단을 옹호하는 쪽으로만 정보와 의견을 모으게 되고(이 과정도 자신의 마음을 편하게 하기 위해 무의식적으로 자연스레 진행) 그 판단이 옳다는 것을 스스로 정당화하게 된다.

즉, 한 번 좋아하기 시작한 주식 종목의 리스크는 적어 보이고 현재의 기대수익률과 향후 성장전망 등은 크고 좋아 보이는 것이다. 반대로 싫어하기 시작한 주식 종목의 리스크는 커 보이고 기대수익률이 작아보이는 것은 물론, 전망까지 어두워 보이는 것이다.

■ 역발상투자자의 긴 시야

 마지막으로 투자를 할 때는 시야를 좀 길게 가져야 한다. 학생의 사례에 비유하자면, 주식투자는 내일의 쪽지시험을 준비하는 것과는 전혀 다른 개념이다. 주식투자는 4년간의 대학 재학기간이(군복무 기간은 빼더라도) 지난 후에 어떤 학과가 전망이 좋을까를 고3 수험생이 미리 생각하는 것과 같다. 4년이 지나도 대부분의 산업과 업종은 존재할 것이지만 극히 일부 업종은 사양길로 접어들 수도 있고, 극히 일부 새로운 성장업종이 생길 수도 있다. 그런데 4년이 지나도 존재할 대부분의 산업과 업종 중에서 어떤 부문에서 4년 후 더 많은 인재를 뽑을지 알기 위해서는 어떻게 해야 할까? 바로 이것이 주식투자자가 가져야 할 시야와 유사한 것이다.

 지금 많은 고용을 하는 업종은 호황을 누리고 있는 것인데 4년 후에도 호황을 가속적으로 누릴까(대체로 그렇지 않다. 호불황은 순환한다). 그리고 지금 고용을 잘 못하고 있는 업종은 불황을 누리고 있는 것인데 4년 후에도 여전히 불황 속에서 허덕일까(대체로 그렇지 않다. 호불황은 순환한다)를 스스로 생각해보는 고3 수험생처럼, 주식투자자 역시 짧지 않은 시야를 지녀야 하는 것이다.

 3년 후, 4년 후, 5년 후를 정확히 예측하라는 것이 아니다. 시야를 최소 과거 5년, 길면 과거 10년 전후에 이르기까지 넓히고 관심 기업과 기업이 속한 업종의 영업사이클 호불황의 주기와 형태(실적 등락 폭의 크기 등)를 분석하다 보면, 본질적인 변화(펀더멘털 자체를 영구적으로 바꾸는)만 생기지 않는다면 최소한 현재보다 2~3년 후에 실적이 개선될 것인지 악화될 것인지 정도는 미리 추정할 수 있다. 물론 수십 년에 걸쳐서 업종들 간에 성장, 성숙, 사양화를 겪는 순서와 흐름을 살펴보는 것도 도움이 되겠지만, 전문투자자들이 아니라면 굳이 업종의 수십 년 수명주기까지 살피지는 않아도 좋다. 어차피 주식시장의 중기적인 등락, 경기의 중기적인 호불황인 3~4년마다 관심업종과 관심기업들을 재검토하다가 보면, 업종의 수명주기가 바뀌는 것을 자연스럽게 알게 될 것이기 때문이다.

주식투자는 말초적인 감각을 단련하기보다는 추상적인 사고력을 단련하는 과정과 비슷하다. 지금 마시멜로 한 접시를 먹는 것이 아니라 오랜 시간이 지난 후에 마시멜로 수십 접시를 소유하고 천천히 먹는 것이 주식투자 성공의 뇌이기 때문이다. 다만 주식투자의 세계에서는 지금 마시멜로 한 접시를 먹고자 하는 사람은 마시멜로의 맛조차 보지 못할 것이라는(주식투자는 시야를 짧게 가져가면 오히려 잃기 때문) 차이가 있다.

주식투자에 대해서 공부를 하지 않고 주식투자를 기본적으로 위험한 것으로 보면서, 과열된 주식시장에서 단기적으로 수십 퍼센트를 벌고 빠져나오려는 투자자는(마시멜로 한 접시) 재산을 반드시 잃게 되고, 주식투자를 공부하고 가치투자가 안전하고 확실한 방법이라는 것을 알고 투자지평을 길게 가져가는 투자자는, 30년 동안 수십 수백 배 이상의(연복리 15%면 66배, 25%면 800배 이상) 누적수익률을 올리게 된다.

(필자를 포함한 가치투자전문가들에게는 주식이 예금보다 덜 위험하고 압도적으로 높은 수익률을 준다. 증권사가 부도나도 소유한 주식은 털끝 하나 다치지 않기 때문이다)

2. 마지막 조언

주식시장에서 유명한 현장이론 중 하나로 칵테일파티 이론이 있다. 서양에서 사교모임의 일환인 칵테일파티로 주식시장의 소외, 거품 정도를 파악할 수 있다는 내용이다.

파티에서 펀드매니저가 대화의 주제에서 소외되고 관심 받지 못할 경우 주식시장이 침체기에 있는 것으로 투자해도 좋다는 것이고, 펀드매니저가 대화의 중심에 있고 투자성공과 종목에 대한 이야기가 꽃을 피울 때는 주식시장이 호황기에 있어 조만간에 투자금을 회수하는 것이 좋다는 이야기다.

군인이나 육아 중인 젊은 주부들이 증권사에 찾아와서 주식투자를 할 때쯤 되면 상투(주가의 천장)에 가까워졌다는 말도 마찬가지 논리이다.

가장 밝을 때 저녁이 올 것을 대비해야 하고, 가장 어두울 때 이내 아침 해가 밝으리라는 것을 기대하는 것이 현명하다. 가장 어두울 때, 그리고 어둠이 너무 깊어 보일 때 바로 새벽이 오는 것이다. 주식시장에 비유하자면 주식에 웬만큼 자신있어하던 주변 사람들 마저도(정말 전문가들 말고 자칭 베테랑) 누적된 손실에 손사래를 치면서 '다시는(혹은 당분간 몇 년간) 주식을 하지 않겠다, 지금은 절대 주식을 할 때가 아니다'라고 말할 때, 바로 주식시장은 진바닥을 딛고 상승을 시작하는 것이다.

존 템플턴 경은 '거리에 피가 넘쳐흐를 때(가장 최악의 손실 상황에서) 주식을 사라'고 했고, 벤저민 그레이엄은 '심리적인 동요는 투자성공을 가로막는다. 모두가 낙담하는 주가의 바닥 주변에서 용기를 내라'고 말했다.

모든 사람들이 같은 생각을 한다면 투자의 세계에서는 맞을 확률보다 틀릴 확률이 압도적으로 높다. 군중들이 한 쪽으로 쏠릴 때 감정을 추스르고 역발상적으로 사고하며, 인간적인 심리의 약점들을 극복하고 사실과 이성에 기반해서 투자해야 한다. 군중들이 흘린 손실은 역발상 투자자들의 수익이 될 것이며, 넘치는 감정들이 흘린 손실 역시 이성적인 투자자들의 수익이 될 것이다.

여기까지 지루한 내용을 읽어낸 독자들은 주식시장에서 당하지 않고 득을 보는 쪽에 속할 자격이 충분한 사람들이다. 주식투자 분야는 물론이고 그 외에도 인생의 모든 국면에서 백전백승하기 바란다.

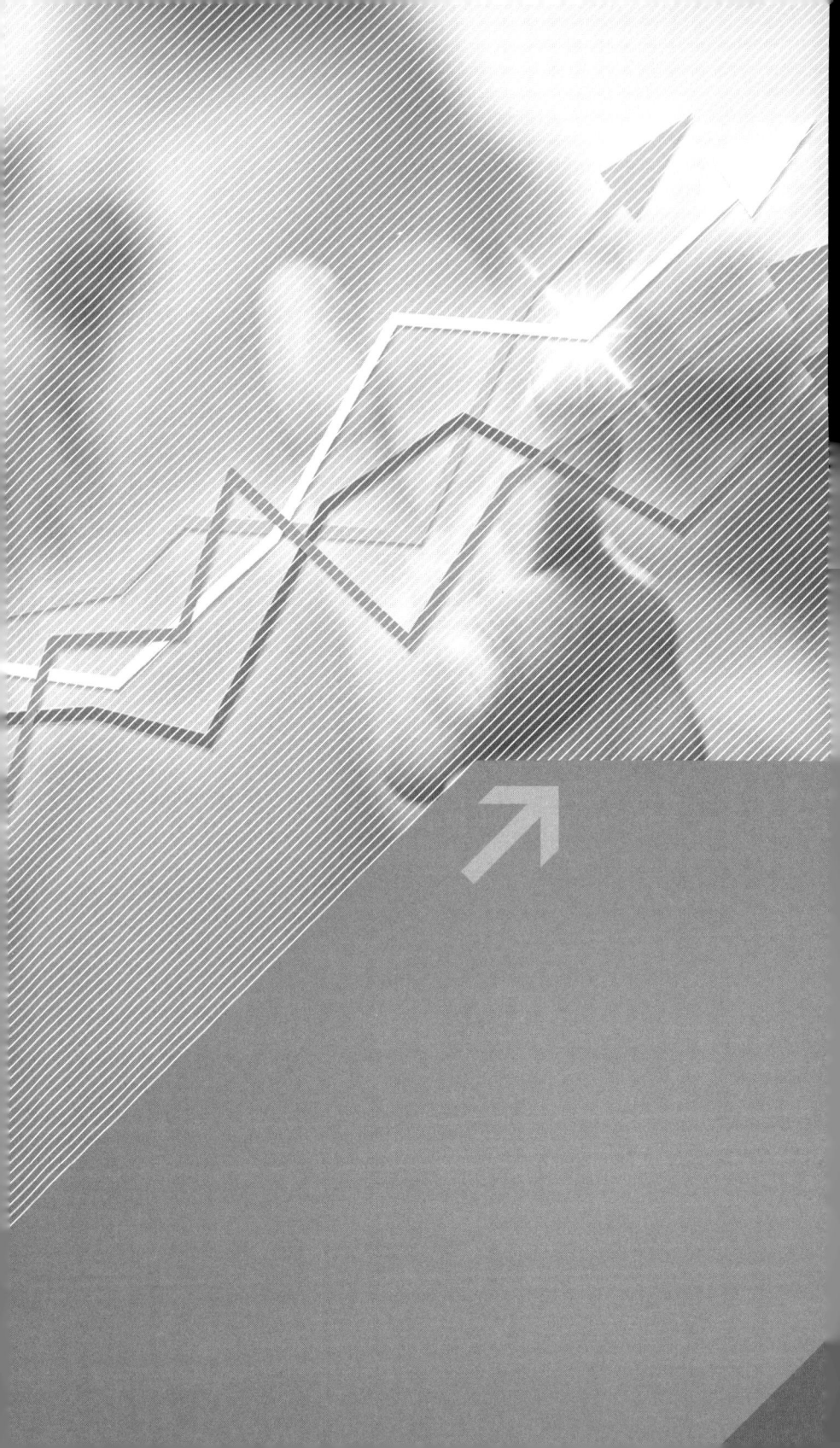

4부. 가치투자체계 육성시스템
부록

1. 재무손익, 기타 투자용어 정리
2. 주식투자 체계(격자구조) 및 정통가치투자 공부
3. 실전가치투자 특강 수강증

1. 재무손익, 기타 투자용어 정리

재무상태표 핵심 항목 풀이

항 목	내 용
자산	기업이 소유한 재산의 목록 현황
유동자산	1년 내 현금화가 가능한 자산
당좌자산	판매과정 없이 현금화 가능한 자산
현금, 현금성 자산	현금 및 보통 예금
단기금융자산	단기로 운용하는 자금
매출채권, 기타채권	제품·상품 외상 채권, 기타 미수 매각대금, 미수수익, 선 지급한 비용 등
재고자산	판매과정을 거치면 현금화가 가능한 자산(상품, 제품, 재공품, 원재료 등)
비유동자산	현금화하는 데 1년 이상 소요될 자산
투자자산	본업과 무관한 투자자산(장기투자증권, 관계기업/조인트벤처 투자 등)
관계기업/조인트벤처투자	경영권 행사를 목적으로 보유한 피투자기업
유형자산	영업활동을 위한 유형자산(토지, 건물, 기계장치, 차량, 건설 중 자산 등)
무형자산	무형적 권리에 해당하는 자산(개발소용 비용 및 인수합병 시 공정가치 초과 매입액)
부채	기업이 지불해야 할 비용 또는 자금조달 현황
유동부채	1년 이내에 지불해야 할 부채
매입채무, 기타채무	원재료, 상품 구입, 기타 외상매입금, 미리 받은 돈, 각종 미지급금
단기금융부채	금융기관에서 차입한 단기부채
비유동부채	지불기한이 1년 이상인 부채(장기금융부채 및 기타 영업관련 부채)
장기금융부채	사채(채권자 귀속)와 장기차입금(금융기관 귀속)
자본	기업의 총자산에서 지불해야 할 부채를 차감한 주주 귀속 자본
자본금	액면가 기준으로 주주가 출자한 금액
자본잉여금	자본거래의 결과로 발생한 차익(액면가를 초과한 만큼의 주식발행초과금 등)
자본조정	계정 불분명으로 자본에 가감한 내용, 자사주(자기주식) 매입 시 자본조정
이익잉여금	영업활동으로 발생한 이익 중 배당을 제외한 사내 유보금

손익계산서 핵심 항목 풀이

항 목	내 용
매출액	제품 및 상품의 판매액
매출원가	제품 및 상품에 소요된 원가비용(재료비, 노무비, 경비, 외주가공비 등)
매출총이익	원가(원재료 등)를 차감한 이익
판매비와 관리비	판매 및 관리 비용(인건비, 감가상각비, 연구개발비, 광고판촉비 등)
영업이익	영업관련 실제 이익(=수익−비용)
영업외수익	부대수익
이자수익	예금 등에 의한 이자수익
배당금수익	타 기업의 주식을 보유하여 수령한 배당금
지분법이익	피투자회사의 이익에 대해 지분율만큼 반영된 이익
영업외비용	부대 비용
이자비용	차입금 등에 의한 이자
지분법손실	피투자회사의 손실에 대한 지분율만큼의 손실반영
당기순이익	영업이익에서 영업외손익을 가감하고 법인세까지 차감한 주주의 이익

재무손익비율 핵심 항목 풀이

항 목	내 용
안정성	부채비율, 유동비율 등 기업의 재무유동성과 안정성을 나타내는 비율
부채비율	공식 : 부채총액/자기자본(%) 일반적으로 100% 이하가 안전하나 현금유입이 빠르고 연속적인 기업의 경우 다소 높아도 무방
유동비율	공식 : 유동자산/유동부채(%) 일반적으로 200% 이상이 안전하나, 현금유입이 빠르고 연속적인 기업의 경우 다소 낮아도 무방
순차입금비율	공식 : (금융부채-현금·현금성자산-단기금융자산)/자본총계(%) 일반적으로 30% 이하가 안전하나 현금유입이 빠르고 연속적인 기업의 경우 다소 높아도 무방
수익성	매출액에 대한 백분율로 기업의 수익 창출능력을 나타내는 비율
매출액총이익률	공식 : 매출총이익/매출액(%) 매출원가를 차감한 기업의 수익능력 비율. 높으면 좋으나 기업강점(원가우위, 차별화)이 다를 시 단순비교 불가
매출액영업이익률 (영업이익률)	공식 : 영업이익/매출액(%) 판관비까지 차감한 기업의 수익능력 비율. 주요비용을 모두 차감한 이익률로 기본적으로 높으면 양호
매출액순이익률 (순이익률)	공식 : 순이익/매출액(%) 영외손익 및 법인세까지 고려한 수익능력비율. 주주에게 귀속되는 최종이익률로 기본적으로 높으면 양호
ROE (자기자본이익률, 자기자본수익률)	공식 : 순이익/자본총계(%) 주주귀속 자본총계의 수익 창출능력 비율. 부채비율이 과다하지 않다는 전제 하에서 ROE가 높을수록 양호
ROA (총자산이익률, 총자산수익률)	공식 : 순이익/총자산(%) 총자산(부채, 자본 포함) 수익 창출비율. 재무레버리지효과를 제거한 수익률로 ROA가 높을수록 양호
ROIC (투하자본이익률, 영업자산이익률)	공식 : NOPAT(세후영업이익)/IC(투하자본 혹은 영업자산)(%) 영업자산(투하자본) 수익 창출비율. 영업에 활용된 자산만을 고려한 수익률로 ROIC가 높을수록 양호
활동성 비율	주요 자산의 매출액에 대한 회전율로 자산활용도를 나타내는 비율

항목	내용
총자산회전율	공식 : 매출액/총자산(횟수) 총자산의 효과적 이용도를 나타내는 비율. 크면 좋으나 기업특성(박리다매, 후리소매)이 다를 시 단순비교 불가
유형자산회전율	공식 : 매출액/유형자산(횟수) 영업관련 유형자산의 이용효율 측정비율. 크면 좋으나 기업특성(제조업, 서비스업 등)이 다를 시 단순비교 불가
재고자산 회전율	공식 : 매출액/재고자산(횟수) 재고자산이 팔리는 속도의 회전율. 크면 좋으며 대개 과거로부터 현재까지의 수치를 비교
매출채권 회전율	공식 : 매출액/매출채권(횟수) 매출채권을 회수하는 속도의 회전율. 크면 좋으며 대개 과거로부터 현재까지의 수치를 비교
매입채무 회전율	공식 : 매출액/매입채무(횟수) 매입채무를 상환하는 속도의 회전율. 작으면 좋으며 대개 과거로부터 현재까지의 수치 비교
성장성 비율	주요 재무손익항목의 전년(주로) 대비 증가율로 경영성과측정 비율
매출액 증가율	공식 : (당해년 매출액/전년 매출액)-1(%) 기업실적의 전체적인 성장비율. 높으면 좋으며 경기변동형기업은 한시적, 성장기업은 지속적으로 높음
영업이익 증가율	공식 : (당해년 영업이익/전년 영업이익)-1(%) 기업의 본질이익 성장비율. 높으면 좋으며 매출액 증가 혹은 비용절감 등 원인파악이 중요
순이익 증가율	공식 : (당해년 순이익/전년 순이익)-1(%) 기업의 주주귀속이익 성장비율. 높으면 좋으며 영업이익 증가 혹 영업외수익 증가 등 원인파악이 중요
매출원가율	공식 : 매출원가/매출액(%) 한 단위의 수익을 위한 비용(원가)의 비율. 낮으면 좋으나 기업강점(원가우위, 차별화)이 다를 시 단순비교 불가
판매관리비율 (판관비율)	공식 : 판매관리비/매출액(%) 판관비의(경영효율성) 매출액 대비 비율. 낮으면 좋으며 판매관리비 중 미래이익을 위한 비용 외 축소는 긍정적

기타 핵심 투자용어 풀이

용 어	내 용
GAAP (일반적으로 인정된 회계원칙)	기업의 재무손익에 대한 재무제표 작성 시 신뢰성과 비교가능성 제고를 위해 따라야할 원칙으로 주주중심 미국식 회계원칙. 연결기준 기업실체를 알 수 없다는 단점에도 모기업 영업과 지분법 실적을 구분하는 장점이 존재
IFRS(국제회계기준)	회계처리 및 재무제표의 국제적인 통일성 제고를 위해 국제회계기준위원회에서 제정하는 회계기준. 경영실체 중심 유럽식 회계기준. 연결기준 기업실체를 파악 가능한 장점과 종속회사의 비소유지분까지 합하는 단점이 존재
연결 재무제표	모기업이 실질적으로 지배하고 있는 종속회사를 모기업과 함께 하나의 기업집단으로 보아 개별 재무제표를 종합하여 작성하는 재무제표
종속기업	모기업이 피투자회사의 지분을 50% 초과하여 소유하거나 그렇지 않더라도 실질적으로 지배하는 경우 피투자회사는 종속기업. 연결재무제표에서 재무손익항목을 모기업에 합하여 연결함
관계기업	모기업이 피투자회사의 지분을 20% 이상 50% 미만 소유하거나 그렇지 않더라도 실질영향력을 발휘하는 경우 피투자회사는 관계기업. 연결재무제표에서 재무손익항목을 모기업에 연결하지 않고 지분법만큼 인식함
감가상각비	토지 등 특수자산을 제외한 공장, 기계장치 등 대부분의 유형자산에서 해마다 감소하는 가치분으로 매출원가와 판관비의 비용으로 처리
자본적지출	기업이 미래의 이윤창출을 위해 유형자산 등에 투자하는 비용으로 지출액은 일시 현금 유출되어 자본화되었다가 효익의 발생기간 동안 비용처리
PER (주가수익비율)	공식 : 주가 / 주당순이익(배) 현재의 주가를 주당순이익으로 나누는 수익가치 배수법. 평가원은 절대할인율에 근거한 절대PER 추가교육
PSR (주가매출액비율)	공식 : 주가 / 주당매출액(배) 현 주가를 주당매출액으로 나누는 경기변동형 혹 성장가치 배수법. 평가원은 실적조정에 근거한 절대PSR 추가교육

용어	내용
PBR (주가순자산비율)	공식 : 주가 / 주당순자산(배) 현재의 주가를 주당순자산으로 나누는 청산가치 혹 수익가치 배수법. 평가원은 절대PER에 근거한 절대PBR 추가교육
EPS (주당순이익)	공식 : 당기순이익 / 발행주식수(원) 기업이 벌어들인 순이익을 기업이 발행한 주식수로 나눈 값으로 1주당 창출한 이익을 나타내는 지표
BPS (주당순자산)	공식 : 자본총계 / 발행주식수(원) 기업의 자본총계를 발행주식수로 나눈 값으로 1주당 주주자본을 나타내는 지표. 단, 청산가치를 말할 때는 자본총계에서 무형자산, 이연자산 및 사외 유출분을 차감하여 주식수로 나눔
EV/EBITDA	공식 : (시가총액+순차입금)/이자, 법인세, 유무형자산상각비 차감 전 영업이익(배) 인수자 입장의 인수비용과 인수 후 현금흐름을 비교한 수익가치 배수법
PEG	공식 : PER / 예상 EPS 증가율(배) 주당순이익 증가율 대비 주가의 고/저평가를 계산하는 방식으로 주로 성장주 평가법
DCF (현금흐름할인법)	향후 기업이 창출할 순현금흐름을 적정 할인율로 현재가치화하여 영업가치를 평가하는 기업가치평가법. 평가원은 간결한 연금법 DCF까지 교육
RIM (잔여이익모델, 초과이익모델)	현금흐름할인모형의 하나로 자기자본비용을 초과하는 이익의 현재가치와 자본총계를 합하는 가치평가법. 평가원은 간결한 연금법 RIM까지 교육
OWNER EARNING (주주이익)	워렌 버핏, 맥킨지 등이 언급한 실질 주주이익(순이익에서 투하자본증가분을 제외)에 근거한 가치평가법. 평가원은 간결, 합리적인 오너닝법 교육
듀퐁분해	ROE를 매출액순이익률, 총자산회전율 및 재무레버리지율 등 인수로 나누는 기업활동 분석 툴. 평가원은 8대 재무손익비율 및 듀퐁 7분해 등 심층교육

2. 주식투자 체계(격자구조) 및 정통가치투자 공부

 직장을 갖고 있으면서 주식투자를 용돈벌이나 부업 수준으로 하는 입문 혹은 기초 수준의 개인투자자, 직업적인 수준으로 투자하는 전업투자자, 대중들에게 서비스의 대가를 받고 투자를 전문적으로 대신해주는 기관투자자, 일반 기업의 재무전략 및 투자기획 부문 임직원, 공인회계사 등 투자주체를 막론하고, 주식투자를 통해 지속적이고 안정적이면서도 상대적으로 높은 수익률을 창출하기 위해서는 '주식투자의 체계(격자구조)'를 배우고 이에 따라 투자해야만 한다.

 그리고 유망한 관심기업의 사업모델을 이해하고 재무손익비율을 입체적으로 이해하며 적정주가를 스스로 산정할 수 있을 때 비로소 수익률이 극대화되는 것이다.

 왜냐하면 사업구조와 재무손익비율, 그리고 가치평가 능력은 주식투자자에게 마치 날개를 달아준 것과 같이 자신감과 안정감, 그리고 탁월한 성과를 약속해주기 때문이다. 이하 주식투자 체계를 한눈에 볼 수 있는 그림과 주식투자체계를 익힐 수 있는 정규 오프라인 교육을 소개한다.

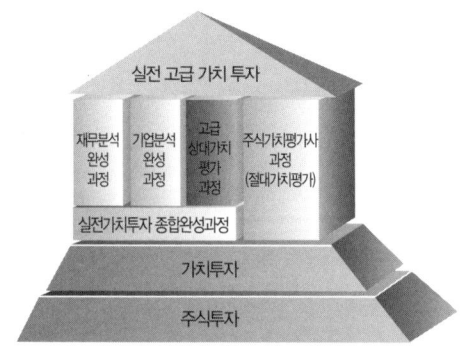

[실전가치투자 종합완성 과정 : 재무 · 기업 분석, 고급상대가치평가]

※ ㈜한국주식가치평가원 홈페이지에 방문하시면 교육 수강후기를 확인하실 수 있습니다.

구분	주차	주제	세부 주제
재무 분석 완성	1 주차	재무분석, 기업분석, 고급상대평가 개괄	기업가치 상승구조 및 순서 (사업, 자산, 매출, 비용, 레버리지, 나선형 성장, 순익)
			기업(재무 포함)활동과 3대 재무제표 관계 이해 / 4대 재무손익비율 관계 이해
			기업가치 이해 (안정성, 수익성, 성장성 등 내재가치) 및 기업활동과 주가 : 기업설립(사업) – 전략 및 활동 – 사업보고서와 실적 – 주가
			기업활동에 따른 투자수익률 이해 – 기업활동과 투자수익률 기본(ROIC, ROA, ROE, 소수주주 및 대주주 매력도) – 비교적 높은 주가상승률의 기업필요조건, 매우 높은 주가상승률의 기업필요조건
			기업가치의 기반(자산가치, 수익가치, 성장가치 등을 모두 포함)
			기업의 가격변동성(주식 한 주의 가격, 기업전체 가격, 내재가치) 및 경기변동형, 경기비변동형 사례
			가치평가(적정주가 산정)의 목적(복리투자수익, 1회성 투자수익 및 복합수익률)
		주요 재무제표 및 세부 재무항목 심층 이해	재무상태표, 포괄손익계산서, 현금흐름표 등 재무제표의 체계적인 이해 (3대 재무제표 관계 확립)
			재무상태표 종합 이해
			자산, 부채, 자본 각각 종합 이해, 주요 항목별 핵심의미, 영업/비영업 계정 구분 등 – 유동자산, 비유동자산, 유동부채, 비유동부채 세부항목 등 – 자본금, 자본잉여금 / 이익잉여금 / 자본조정 및 기타포괄손익누계, 지배지분 자본
			손익계산서 종합(수익과 비용) – 매출액 / 매출원가 및 매출총이익 / 판관비 및 영업이익 (2대 비용의 차별적 성격) – 지속성 있는 영외손익 항목 / 순환하는 영외손익 항목 (이익변동성 제거, 버핏 주주이익)
			현금흐름표 종합(발생주의와 현금주의의 쉽고 명확한 개념정리) – 영업활동, 투자활동, 재무활동 현금흐름의 주요항목별 유기적 이해 (재무손익 관련) – 기업의 성장단계별 현금흐름특성, 투자적격여부, 분식회계 감지법 (매출채권, 재고자산, 무형자산)

구분	주차	주제	세부 주제
재무분석 완성	2 주차	고급 재무비율 분석 및 주식수익률 이해 (사례 훈련)	재무비율 통합 이해 − 8대 고급재무비율(4대 재무비율을 기본으로)의 유기적 이해 및 주식투자수익률 관련 설명 기업 사례(2개 기업)를 통한 8대 고급재무비율의 체계적 이해 − 안정성 재무비율의 핵심 이해 및 실전의미, 주요비율 구체적 기준 수치 등 − 수익성 재무비율의 핵심 이해 및 실전의미, 주요비율 구체적 기준 수치 등 − 활동성 재무비율의 핵심 이해 및 실전의미, 주요비율 구체적 기준 수치 등 − 성장성 재무비율의 핵심 이해 및 실전의미, 주요비율 구체적 기준 수치 등
		IFRS 완전정복 및 지배지분 활용	IFRS 개괄 (기준과 특징, 투자자 영향, 연결재무제표 도입, 종속기업 이해) IFRS 기준 3대 재무제표 (재무상태표, 포괄손익계산서, 현금흐름표 변화 및 중요 포인트, 지배지분 등 간결한 완벽이해, 기타포괄손익, 주석정보의 증가와 활용법) 재무제표 개별 항목 주요 변화(GAAP 대비 IFRS 변화) 및 가치평가 기준(지배지분) 정리 − 금융자산, 환율, 자산재평가, 매출인식, 재고자산, 대손충당금, 영업권, 개발비 / 주석 정보 활용법 지배지분의 구성 이해(지배기업, 종속 및 관계 일부) / 재무손익분석, 주가산정 등 지배지분 활용 자산 및 부채, 손익(재무상태표와 손익계산서) 등 주요 항목(영업 vs 비영업 / GAAP vs IFRS)
		투자지표와 재무비율, 한국주식가치 평가원 고급 실적조정/ 추정 및 전문 스크리닝	본질적 투자지표(수익률과 복리) 및 부가적 투자지표(대주주 매력도)가 주식수익률 좌우 본질적 투자지표 : ROIC(IC증가), ROA, ROE, 유보율 혹 재투자율의 관계와 공식들의 의미 부가적 투자지표 : EV, EBIT(D)A, EV/EBIT(D)A의 실질 의미와 용어(공식)의 의미 고급 재무손익추정법과 실적조정법 − 비용률의 심층적 이해와 KISVE 전문(체계적, 간단) 실적조정법 − 경기변동성을 합리적으로 제거한 실적조정(영외손익 뿐 아니라 영업손익까지) 한국주식가치평가원 전문 스크리닝 툴 설명 − 기업수익률, 주주수익률, 소수주주 및 대주주 가치 등 최고의 스크리닝 산식 설명

구분	주차	주제	세부 주제
기업 분석 완성	3 주차	내부자 기업활동 이해 및 사업보고서 (심층사례 분석)	기업가치와 비즈니스 시스템 (비즈니스 시스템 〉 고객 부가가치 〉 수익창출 〉 내재가치) 비즈니스 시스템 이해(실전분석 도구로써 기업사례 제시) - 연구개발, 제품기획, 제품조달, 제품제조, 영업 및 판매, A/S 등 유지관리 등 활동별 핵심개념 정리, 재무제표 수치사례, 사업보고서 및 홈페이지 참조 사례 제시 - 기업실제 내부활동 사례를 설명하여 경영자의 관점을 쉽고 체계적으로 이해 / 기업별 KSF(핵심성공요인) 구분 투자자가 알아야할 사업보고서 핵심구조 및 주요 항목 이해 - 사업보고서 이해과정(사업, 경쟁력, 스프레드, 영업자산, 자본배분, 주주친화, 인적자산 분석 등) - 실제 기업사례를 들어 사업보고서 분석과정을 훈련 (항목별 사업보고서 대조 및 심층해석 설명)
		워렌버핏 및 필립피셔 분석툴 (심층사례 분석)	워렌버핏의 기업분석 프레임(3분류와 10항목, 실제 투자대가 관점, 기업사례 강의) - 사업, 재무, 경영 3분류별 10가지 항목의 유기적인 이해, 개인 및 기관투자자 시사점(교훈) 필립피셔의 기업분석 프레임(3분류와 15항목, 실제 투자대가 관점, 기업사례 강의) - 사업, 재무, 경영 3분류별 15가지 항목의 유기적인 이해, 개인 및 기관투자자 시사점(교훈) ※ 각(10~15) 항목별 실제 사업보고서, 홈페이지, 재무자료(네이버 금융, FN가이드 등) 설명
		한국주식가치 평가원 심층 기업분석 프로세스 (심층사례 분석)	'KISVE 심층 기업분석 프로세스(5~6단계)'체득을 위한 실제사례 분석 (분석의 깊이는 높이고 시간은 줄이는 최고의 분석 프레임으로, 각 프로세스 별 실제 상장사들의 사업보고서, 재무손익 데이터, 홈페이지, 핵심 자회사 중 비상장사 자료까지 분석) - 비즈니스 분석 (연혁과 현황, 제품과 원재료 비중 및 가격, M/S, 판매처와 매입처, 매출과 가동률, 설비투자 및 R&D) - 계열회사 확인 (계열회사 비중 및 순익추이, 상장-비상장 공통 재무손익비율 검토) - 지배구조 검토 (최대주주, 자사주 및 배당, 임원) / 직원 및 기타 주의사항 한국주식가치평가원 약식 Frame 제공(실전분석에 활용할 최고의 도구) 기업분석 추가포인트(BW, CB 등 주가희석요소의 핵심 및 희석(가치하락)비율)

구분	주차	주제	세부 주제
기업 분석 완성	4 주차	기업분석 작성자 기준 사례 전문분석자 사례 상장기업 전체 6분류	상장사(들)에 대한 기업분석 심층 참조 (작성자 기준의 사업계획서 사례) - 국내 상장사의 사업보고서 작성기준 이해 (규정된 작성자 기준의 실제보고서 양식 참조) 기타 분석 전문가/아마추어 리포트(기본적 비즈니스 모델에 충실 vs 최근 이슈 해석에 충실) 참조, 성장, 이익변동성 등에 따른 상장기업 6분류법(분류별 기업들의 투자매력도와 투자전략, 리스크)
		기업분석 정보체계 (응용) 및 내부자 경영전략, 고급분석 도구 (심화)	기업분석 정보체계 및 의미(주가, 오픈된 정보인 2차 정보, 미공개 현장정보인 1차 정보, 단계별 자료 참조 실습(실제 어디로 접속하여 어떤 자료를 얻는지 구체적 심층설명) - 2차 정보 (사업보고서, 증권사 리포트, 기업 홈페이지, 업종협회, 통계자료 수집 및 분석) - 1차 정보 (장점과 유의점, IR담당, 매장, 기업현장, 경쟁사 및 전후방업체 IR 담당 등) 내부자 관점 기업분석툴 (외부환경에서 기업의 입지, 제품전략에 이르기까지 사례분석) - 기업분석 능력을 높여주는 3C 분석, 5 Force 분석, 경쟁전략에 따른 SWOT, PPM 기본분석 - 트렌드 분석(변화의 원인), 이익방정식(일목요연한 이익분해)으로 향후 실적 시나리오 전망. 손익분기점 공식 간단이해 및 업종별(변동비형, 고정비형) 투자전략 이해.
		재무, 기업분석 격자구조 확장 및 완성 (투자 대가들의 재무, 기업 중점요소, 해자 및 독점)	고급재무분석 격자구조 확장 - 존 네프, 벤저민 그레이엄, 워렌버핏, 마리오 가벨리 등 각 대가들의 재무분석 툴(공식)과 활용법 - 마법공식 심층 장단점 이해 및 한국주식가치평가원 전문 스크리닝 공식 정리 광의적 기업분석 격자구조 확장(기업분석 대가 배우기, 경제적 해자와 독점 분석) - 필립피셔 (사실수집, 투자기업 분류, 주식시장의 힘, 피해야 할 잘못, 성장주 발굴법) - 랄프웬저 (소형주의 실질매력과 리스크, 산업/기술의 수혜, 강소기업의 핵심 지지대) - 경제적 해자(해자의 정의와 원천, 심층분석) / 독점의 기술(자산독점과 상황독점, 독점 방어벽 등)

구분	주차	주제	세부 주제
고급 상대 평가 완성	5 주차	가치평가도구 개괄 및 고급 상대평가 (실적 및 배수조정)	가치평가 핵심개념 및 실전공식 등 의미설명(주주기준, 기업기준, 수익률 기준)
			적정주가산정(가치평가) 도구 이해 (하나의 체계적인 프레임으로 쉽게 이해) – 가치평가기간별 3방식, 가치평가방법 3방식,가치평가주체 3수준 – 가치평가 기준이익 혹 자본의 기준수치(언제 수치를 쓸 것인가) 결정
			상대가치 이해 및 고급상대가치 – 기본적인 배수법 및 실적 변동 이해 / 복합비교 배수법 조정 및 실적조정법(영업사이클 조정)이해 * 하나의 프레임으로 여러 가지의 밸류에이션(적정주가산정) 도구를 마스터 : PER, PCR, PSR, ROE(듀퐁분해, KISVE 고급분해)와 PBR(기본, 응용 PBR), PEG비율(실전활용), 존 템플턴 5년이익 PER, EV/EBIT(D)A(인수자 기준), 조엘 마법공식, KISVE 절대 스크리닝
		고급 상대평가 (실적, 배수 조정) 사례/실습	본격 상대가치 훈련(현재실적과 현재배수 대신, 조정실적과 복합비교 배수법) 조정실적(기본 : 영외손익 조정, 고급 : 경기변동/비변동 따른 영업사이클 조정) 복합비교 배수법(중급 : 역사적 밸류에이션, 고급 : 필요시 기타 업종내 비교) PER – 심층이해를 통한 실전 상대가치 PER (보조지표 PCR) / PSR – 실전 상대가치 PSR PBR – 청산시 자산항목별 간단계산비율, 한국주식가치평가원 입체 PBR(수익가치 프리미엄) ROE(듀퐁 3분해, 변동성 한계) – 한국주식가치평가원 고급 3분해로 유지가능한 ROE로 조정 전문 PEG비율(공식 심층이해 및 활용 요건) & 전문 템플턴 5년이익 PER EV/EBIT(D)A 의미와 활용(강력한 보조지표) / 조엘 마법공식 & 한국주식가치평가원 절대 Screening
		고급상대평가 전용 밸류에이션 엑셀파일실습	고급상대가치평가 과정 전용 엑셀파일(실적조정 및 고급상대평가, KISVE 지재권)로 실제 관심기업의 영업, 영외손익을 조정(외국계 기관 수준), 고급상대평가를 경험하여, 관심종목의 적정주가를 계산
		스노우볼 기업(관심기업) 재무, 기업분석 및 가치평가 –수료 후 전원과제제출	KISVE 고급재무분석 프레임, 기업분석 심층 프로세스로 관심기업을 분석, 고급상대평가(실적조정, 적정배수)로 적정주가를 계산하여, 전수강생 과제제출(각 과제별 평가원 1page 리뷰)

[주식가치평가사 자격증 과정 : 절대가치평가, 할인율]

※ 한국주식가치평가원 홈페이지에 방문하시면 교육 수강후기를 확인하실 수 있습니다.

주차	주제	세부 주제
1 주차	밸류에이션 (주식가치 평가사) 개괄	가치와 가격 (내재가치, 실적, 기업전체가격, 주식가격, 거래와 투자) 기업가치의 특성 (물건-현금-상품-기업, 경기변동/비변동 기업) 기업가치 상승구조 (법인격, 유기체의 나선형성장 및 비용률 감소로 인한 이익률 상승) 주가와 기업가치의 관계 (자본수익률과 할인율, 이익의 안정성, 지속성, 성장성) - ROE, ROA, ROIC 등 유기적 이해 주가와 기업가치평가의 이해(자본 및 이익기반 가치평가, 현재가치, 할인율, 성장률)
	재무분석 및 기업분석 핵심 (참고사이트 포함)	재무상태표, 포괄손익계산서, 현금흐름표 등 재무제표의 간결한 이해 (기업의 설립/활동 이해를 통해, 3대 재무제표 의미 및 관계 명확히 확립) 재무제표별 항목 이해 (중요 영업관련 항목, 발생주의와 현금주의, 기업성장단계 지표) 각종 재무비율 의미 (안정성/수익성/활동성/성장성의 기본의미와 중요도) IFRS 핵심이해 (연결시기와 종속기업), 밸류에이션 기준 수치(지배지분 자본, 순익) 기업분석 개괄(분석의 이유와 분석 기반자료 등) 사업보고서 구조 및 주요 항목 (사업, 주주구성, 관련기업, 임직원 등) 한국주식가치평가원 기업분석 프로세스 핵심 (5~6단계 체계적 프로세스) 기업분석 부가훈련(각종 증자, 하이브리드 사채) 및 정보사이트

주차	주제	세부 주제
2 주차	가치평가도구 개괄 및 절대평가법 안내 (절대할인율)	평가도구 이해(체계적인 프레임) 및 가치평가도구 효용 이해 - 가치평가기간별 3방식, 가치평가방법 3방식,가치평가주체 3수준 - 접근주체(주주자본접근, 기업접근)별 기업가치의 차이 - 할인율(유사위험도 리스크, 금융공학 WACC과 실질 절대할인율)과 영구성장률 - 가치평가 기준이익 혹 자본의 기준수치 결정 절대가치평가의 선행작업(기업의 사업내용, 재무분석 등 조사) 투자자의 무기고, 절대 평가도구 설명(가치평가방식 3방식 분류, 비상장과 상장가치) - IRR, NPV, 고든법(DDM), 절대 PER, PCR(PER 보조), 절대 PSR, 절대 PBR(수익가치, 고급분해), ROE 분해(듀퐁 3분해 및 KISVE 절대 7분해), DCF(3가지 간단 응용), EV/EBIT(D)A (기업기준), RIM(DCF 진보), EVA와 MVA 이해, 일부 M&A공식, PEG비율, 버핏 오너어닝(3가지 간단 응용), 조엘 그린블라트, 템플턴 5년이익 배수법, 한국주식가치평가원 Valuation 등 20여 가지 주요 툴 (많이 배우되, 체계화하고, 가장 효과적인 3~4개의 밸류에이션을 주로 활용하게끔 훈련)
	배수법과 절대가치평가 이해	배수법은 표면적으로 상대가치, 근본적으로 절대가치(절대할인율 관련 넓고 깊은 이해) 절대할인율 – 할인율 실전/공식 이해, 채권성 우량주 할인율 범위, 전 종목 할인율 범위 절대 PER – 배수법 이해 및 절대가치화, 할인율과 성장률, 금융공학과 투자대가 의견 PCR – PER의 보조지표(발생주의와 현금주의) 절대 PSR – 심층 이해 및 분해, 경기변동고려 각종 비율 조정법 간단이해 PBR (청산가치) – 재무상태표 항목별 공정가치(청산 위한) 산정 이해 절대 PBR(수익가치-입체분석) – 강력한 툴, 한국주식가치평가원 입체 PBR(자본수익률, 재투자율, 할인율 및 성장률) PBR 프리미엄의 근거, ROE (듀퐁 3분해, 한국주식가치평가원 조정 3분해 혹 7분해) EV/EBIT(D)A 효용 및 취약점, 계산법 등 (CAPEX의 주기성과 워렌버핏, 맥킨지)
	주식가치 평가사 전용 밸류에이션 엑셀파일 실습	주식가치평가사 자격증 과정 전용 엑셀파일(각종 절대평가, 자본수익률 및 할인율)로 기본적인 고든법과 실제 관심기업의 절대 PER, 절대 PSR, KISVE 절대 PBR(수익가치 PBR 테이블, 듀퐁 분해와 심층분해 포함), EV/EBITDA 등 내재가치, 즉 절대평가를 경험하여, 실전투자이론을 더욱 구체적으로 이해

주차	주제	세부 주제	
3 주차	DCF 프레임 1부	정의 및 전체 프로세스 - DCF 방식 정의, 전제, 접근법, 간단프레임 - 영업가치(잉여현금), 비영업가치, 약식사례 - DCF 전체 프로세스(5단계) 과거실적 분석 - 재무제표 재분류, 용어이해 - 이익률 및 재투자율, 감가상각과 CAPEX 자본비용 추정 - 금융적 WACC 이해 및 베타(한계점)개념 - 실질 절대할인율 이해 및 투자대가 기술	DCF 이론의 체계적 이해를 통해 다른 주식가치평가이론의 구조를 철저히 이해함 - 20여 가지 전문 가치평가법을 함께 심도 깊게 이해가능
	DCF 프레임 2부	미래실적 예측 - 거시환경 및 지표, 산업 및 수급, 경쟁 - 시나리오 및 매출, 성장률 추정 및 검토 잔존가치 추정 - 영업가치 중 잔존가치 개념, 단일/다기간법 - FCF 및 IC 잔존가치의 타당성 결과의 산출 및 해석	
	DCF 평가 실제사례	양수도 건에 대한 DCF 실제 산정 사례(기업명 비공개) 1건 및 인수합병 건에 대한 DCF 실제 산정 사례(기업명 비공개) 1건 소개 및 설명	

주차	주제	세부 주제	
4 주차	신조류 (절대평가) 평가법	RIM (DCF의 진화, RIM 개념 및 효용, RIM과 간단연금법 RIM 공식 및 사례 설명) 올슨모델 (초고급 RIM, 평균회귀, 지속성계수) 주주귀속현금흐름 모델(맥킨지, 버핏과 KJSVE) EVA와 MVA (기업기준의 RIM 유사개념, 참조) 행동재무론 (비합리 행동, 반전 및 모멘텀)	한국주식가치평가원의 정통 실전투자이론 교육을 통한 효과 - 그간 핵심적인 내용에 있어서는 베일에 쌓여있던 심도깊은 이론들을 일목요연하고도 쉽게 이해함 - 최종적으로, 강력한 자신만의 몇 가지 무기를 습득하기 위한 자연스러운 사고의 확장 과정을 거침
	주요 업계 평가법 (절대평가)	존 템플턴 (숫자, 확률의 투자자, 5년주가이익 배수법, 성장주와 평균회귀) PEG (피터 린치, 과거분석, 핵심이익 모니터) M&A 가치평가 2 사례, SOTP (의미, 유의) KJSVE 절대(입체) PBR (ROIC, ROE 심층분해) 조엘 그린블란트 (마법공식 개념 이해, 장단점) 워렌 버핏 평가(흐름, 연금, 효율배수법) 설명 한국주식가치평가원 절대평가 Valuation (사업, 수익, 절대평가 안전마진 및 대주주 매력도)	
	주식가치 평가사 전용 밸류에이션 엑셀파일 실습	주식가치평가사 자격증 과정 전용 엑셀파일(각종 절대평가, 자본수익률 및 할인율)로 RIM, 존 템플턴, 등 내재가치, 즉 절대평가를 경험하여, 실전투자이론을 더욱 구체적으로 이해	

주차	주제	세부 주제
5 주차	거시환경과 심층 시장평가 및 고급 포트폴리오	경기(선행,동행,후행), 경제성장률, 민간소비, 금리(무위험수익률)와 주식시장(자료참조법) 간단 증권시장 4국면(구분, 특징, 심리) 심층 시장평가 (기본—절대수익비교 FED모델, 보조—GDP 비율, 고급—KISVE 조정 PBR) 포트폴리오 고급 운용법 (시장평가 기반한 자산배분 및 시장등락 허위 시그널 읽기, 바텀업(꽁초투자, 스노우볼 투자)/톱다운(성장주, 경기)변동주) 방식별 주식운용 전략, 종목수, 매매절차 및 모니터링
	행동금융학 이해, 리스크 관리 4단계 및 심층 스노우볼 투자	행동금융학 이해(손실로 이어지는 심리와 행동패턴을 파악, 극복) - 과도한 자신감, 과잉반응과 반응부족 등 11가지 항목 설명(극복), 워렌버핏 사례 리스크 관리 4단계(워렌버핏, 케인즈, 계량관리, 조지 소로스 등 단계별 전략과 선택) 스노우볼 종목 유형 구분(거래형, 현금형, 성장형, 전환형)과 투자전략/기술
	발표 및 조언 (신조류, 업계, 한국주식가치 평가원 등)	신조류와 업계, 한국주식가치평가원 방식 등 4주차 강의까지 배운 적정주가 산정법(밸류에이션)을 모두 활용하여 전 수강생 과제제출(각 과제별 평가원 1page 리뷰) 발표자 가산점 및 평가원 대표 조언, 깊은 수준의 실전 가치평가 훈련을 경험
	자격증 시험 (투자체계 최종정리, 복습)	5주간에 걸친 주식가치평가(절대평가) 과정 내용을 단기간에 효과적으로 재정리하여 중급 수준 이상의 한국주식가치평가원 전문투자자로 완성. 시험을 통해 실전투자이론 실력을 복습하고 점검하는 과정을 마침

전문가 추천

"어느 분야에서 정상에 오른다는 것은 정말 축복받은 것이다. 더욱 축복받는 것은 그 정상에 오른 사람과 함께 한다는 것이다. 여러분들이 류대표의 지식과 경험을 공유한다는 것은 정말 축복받는 것이다."

— 가톨릭대 경영학부 김종일 교수
(한국기업평가원 수석자문위원, 한국/미국공인회계사, McKinsey Valuation 대표역자, 前 굿모닝신한증권 임원 등)

"지금까지의 주식투자 및 가치평가 교육 중 수준과 내용, 모든 면에서 최고이다."

— 스틱인베스트먼트 엄상률 상무 (前 삼성전자)

"**KISVE**의 투자교육으로 당신의 투자실력은 노도광풍처럼 성장할 것이다."

— 하이투자증권 파생상품운용부문 박형민 이사

"투자실패의 근본적 원인을 알고 싶다면 류대표의 실전투자교육이 반드시 필요할 것이다."

— 저축은행중앙회 최병주 이사

"전문적인 주식(기업)가치평가를 정통으로 배우려면 필히 류대표의 투자교육을 받아라."

― 이스트브릿지 파트너스 김기현 상무

"개인투자자들이 기관투자자 이상의 투자체계를 체계적으로 쉽게 확립할 수 있는 방법은 한국주식가치평가원 류대표의 강의 외에는 없다."

― NH농협생명 투자운용부 펀드매니저 이은원 과장

(前 유리자산운용, VIP투자자문)

"공인회계사조차 인정하는 가치평가와 **IFRS** 부문 최고 전문가인 류대표님의 강의에 집중하라."

― 양원모 공인회계사 (現 서울기술투자, 前 이상기술투자 투자팀장)

"류종현 대표님의 강연은 기업가치 평가와 **IFRS**의 깊이 있는 실전이론을 배울 수 있는 시간이 될 것이다."

― 현명한투자자들의모임 구도형 대표 (가치투자 재야고수 좋은습관)

"실전과 이론을 정통으로 섭렵한 류대표님의 강의는 주식투자자들에게 정말 강력한 도구를 제공할 것이다."

― **SNU VALUE**(서울대 투자동아리) 前 회장 황인혁

대한민국에서 가장 체계적이고 효과적인 실전가치투자 교육/저술/출판 기관
㈜한국주식가치평가원
(Korean Institute of Stock Value Evaluation Co., Ltd.)

한국주식가치평가원(이하 'KISVE')은

체계적인 주식투자, 즉 가치투자를 위한 '종합 기업분석(재무. 사업) 및 주식가치평가' 분야에서 국내 최고수준의 전문성을 지닌 투자전문기관으로서 실전투자교육, 투자부문 저술출판업, 투자연구 및 고유계정운용 등을 영위하고 있습니다.

특히 **KISVE**는,

주식에 갓 입문한 초보자에서부터 베테랑에 이르기까지 수많은 주식투자자들을 대상으로, 지속적으로 자산을 늘리는 대한민국 0.1%(5,000명) 현명한 가치투자자를 양성하기 위해, 명실상부 타의 추종을 불허하는 국내최고의 체계성과 효과를 갖춘 실전 가치투자 이론을 이해하기 쉽고 일목요연하게 교육하고 있습니다.

그간 수많은 주식투자자들께서 다른 모든 주식교육, 주식관련 서적 등에 시간과 돈을 투자했음에도 오래도록 별다른 성과와 효용을 느끼지 못하셨음에도 불구하고, **KISVE**의 가치투자교육을 통해 편안하고 오래도록 지속가능한 누적수익률을 올릴 수 있는 가치투자 체계를 확보하고 주식투자실력이 크게 향상되셨습니다.

그 동안 투자교육을 수료하고 온오프라인을 통해 적극적인 투자활동을 하고 있는 **KISVE** 수료생들의 범위는,

대개 입문 및 초보 개인투자자(직장인, 자영업자, 주부, 은퇴자 및 전업투자자)들을 중심으로 예비 투자인력(대학생 등), 민간(증권사, 운용/자문사, 회계법인, 은행 등) 및 공공(투자, 통화, 금융 부문 등) 금융투자업계 임직원, 기타 일반기업의 특정(전략기획, IR, 재무투자 등)부서 임직원 및 재야의 주식투자자 등 실로 다양한 바 있습니다.

한편, 평가원의 저술출간 정책은 분야와 저자 측면에서 무분별하게 책을 많이 내기 보다는 주식투자자들에게 진정으로 도움이 되고 또한 중장기적으로 효용이 있는 좋은 책들만을 펴내는 것입니다.

주식시장에서 실전적으로 활용, 응용할 수 있으면서도 전문성과 이론체계를 바탕으로 하였기에, 개인투자자 및 기관투자자 모두 효과적으로 배우고 활용할 수 있는 '대한민국 주식투자 성공시리즈'는 오래도록 변치 않는 투자지혜와 효용을 드릴 수 있는 가치투자 스테디셀러들입니다.

첫 번째로,

가치투자 원칙과 개념, 전략 등 전체적인 기본체계 확립과 각종 정량분석 항목/비율지식 이해, 투자자의 실전적인 경영지식을 위해서
『대한민국 주식투자 완벽가이드』와 『대한민국 주식투자 재무제표 · 재무비율 · 투자공식』, 『대한민국 주식투자 실전**MBA**핵심』을 참

조하시고, 가치투자 스타일별로 투자전략전술 및 공식 등을 활용하고, 기대수익률은 극대화하고 손실위험은 최소화하는 계량적 운용방법을 익히며, 거시경제 순환에 대응하는 효과적 운용전략전술을 참조하고, 군중심리와 비이성적 행동을 역발상 전략으로 역이용하기 위해서

『대한민국 주식투자 글로벌 가치투자거장 분석』과 『대한민국 주식투자 계량가치투자 포트폴리오』, 『대한민국 주식투자 거시경제 가치투자 전략』, 『대한민국 주식투자 역발상전략 행동경제학』을 공부하시면 좋습니다.

두 번째로,

국내 전체 업종의 개요와 특징, 재무추이를 공부하며, 실제 자신의 가치투자 포트폴리오 수익률 향상을 위해서

『대한민국 주식투자 산업·업종분석』, 『대한민국 주식투자 다이어리』를 활용하시기 바랍니다.

세 번째로,

저평가 상태의 우량기업 리스트, 내용, 가치 범위를 참고하고 지속적인 효용가치가 있는 분석내용을 활용하기 위해서

『대한민국 주식투자 저평가우량주』를 참고하시기 바랍니다.

《대한민국 주식투자 성공시리즈》를 읽는 순서는 위의 순서로 읽어나가시는 것도 좋고, 기타 독자들께서 공부하고자 하는 순서대로

읽어나가시면 됩니다.

《대한민국 주식투자 성공시리즈》의 활용방법을 다음과 같이 간단히 소개하며, 앞으로도 오직 주식투자자, 가치투자자들이 신뢰할 수 있는 책만을 저술, 출간하겠습니다.

대한민국 주식투자 성공시리즈 활용법

대한민국 주식투자 성공시리즈		
— 현명하게 수익내는 가치투자자가 되기 위한 필독서		
실전가치투자 공부편	실전가치투자 활용편	실전가치투자 정보편
— 재무제표 · 재무비율 · 투자공식 — 완벽가이드 — 글로벌 가치투자거장 분석 — 계량가치투자 포트폴리오 — 거시경제 가치투자 전략 — 실전MBA핵심 **— 역발상전략 행동경제학**	— 산업 · 업종분석 — 다이어리	— 저평가우량주

실전가치투자 공부편

『대한민국 주식투자 재무제표 재무비율 투자공식』

— 대한민국 주식투자 성공시리즈 5('대한민국 주식투자 성공' 생략)

— 각종 재무제표 및 재무손익비율, 가치평가용어 및 공식, 기타 투자용어, **IFRS** 핵심정리, 가치투자거장별 주요 재무비율 등 주식투자에 필요한 모든 기업의 언어를 종합적으로 정리

『대한민국 주식투자 완벽가이드』—시리즈 1

— 성공을 위한 투자철학과 투자태도, 주식시장평가 및 종목분석, 운용전략전술 등 실전가치투자 체계를 **A**부터 **Z**가지 소개하는 종합서

『대한민국 주식투자 글로벌 가치투자거장 분석』-시리즈 6
- 상대적으로 더 비중을 두는 요소에 따라 저평가, 수익성, 성장성 중심 가치투자 스타일별로 구분하고, 17인의 가치투자대가들을 나눈 후, 각 투자전략전술, 투자공식 등을 구체적이고 심층적으로 정리

『대한민국 주식투자 계량가치투자 포트폴리오』-시리즈 7
- 성공적인 계량가치투자의 핵심 요소들과 체계적인 운용프로세스를 쉽게 정리하여, 변동성 및 손실 리스크는 획기적으로 낮추고 역발상 계량가치투자 포트폴리오의 기대수익률은 크게 높일 수 있게 함

『대한민국 주식투자 거시경제 가치투자전략』-시리즈 8
- 경기등락, 인플레이션과 금리, 환율 등 거시경제의 순환에 적극적으로 대응하는 탑다운 포트폴리오 전략을 정리. 국내외 주식/채권자산의 전략적 배분과 전술적 비중조절을 통해 누적수익률을 극대화함

『대한민국 주식투자 실전MBA 핵심』-시리즈 9
- 주식투자자가 반드시 알아야 할 경영학의 핵심 주제들만 골라서 〈1부〉 입문MBA에서 기본 개념들을 정리하고, 〈2부〉 심층MBA에서 심층적인 개념과 입문 MBA에서 다루지 않은 용어들을 설명함

『대한민국 주식투자 역발상전략 행동경제학』-시리즈 10

실전가치투자 활용편

『대한민국 주식투자 산업 · 업종분석』-시리즈 3
- 최초로 전체 업종의 히스토리 및 중장기 특성, 향후 트렌드 등과 주요 업종별로 7~8년의 재무 및 주가추이를 다룬 산업업종분석 종합서

『대한민국 주식투자 다이어리』-시리즈 2
- 주식시장 평가(투자매력도) 및 주식비중 조절, 주식의 정량정성분석, 가치평가 및 운용을 위한 각종 양식을 실은 다이어리(1년 중 언제든지 시작가능한 양식)

실전가치투자 정보편

『대한민국 주식투자 저평가우량주』-시리즈 4
- 대한민국 전체 상장사 중 워렌 버핏형 스노우볼과 필립 피셔형 성장주 등 우량기업을 선정하고, 그 중에서도 저평가된 22개 기업(기타 34우량기업)의 향후 4년간(~2017) 적정밸류에이션 범위를 기재

㈜한국주식가치평가원
홈페이지(www.kisve.co.kr)
무료회원 대상 주요 콘텐츠 소개

* **전문칼럼**
  - 실전투자공식과 증권시장 응용, 활용법을 교육을 통해 배우는 것도 중요하지만, 투자실력을 전진하게 하는 기본마인드 자체를 구축하는 것도 부수적으로 필요합니다.
  각종 기본적인 가치투자의 태도와 투자철학을 배양시키기 위한 전문칼럼은 지금 당장은 물론 오랜 기간에 걸쳐 지속적으로 투자 태도와 철학에 좋은 영향을 줄 수 있는 내용들을 정리했습니다.

* **투자의 거장소개**
  - 필립 피셔, 피터 린치 등 유명한 투자거장에서부터, 골드만삭스 등 투자기관 출신 애널리스트, 경영대학의 증권투자부문 전문 교수 등 알려지지 않은 작은 거장에 이르기까지, 크고 작은 투자전문가의 조언 중 평가원의 내부적 판단에 따라 회원들이 참고하고 배울 만한 내용을 간단히 소개합니다.

* **증권시장 평가**
  - 단기적으로 큰 의미가 없을지라도 중기적 이상을 보면 반드시 큰 의미가 있는 국내 증권시장의 대략적인 고평가/저평가 수준을 한 달이라는 주기를 두고 가장 쉬운 방법에서 가장 합리적

인 방법에 이르기까지 세 가지 방법으로 간략하게 정리합니다. 시장 전체가 싼지 비싼지 파악하는 행위는 주식비중을 늘려야 할지 줄여야 할지 등을 결정할 수 있는 근거가 되는 것입니다.

* 기업분석 후보

- 평가원에서는 회원들의 투자 유니버스(후보군) 구성을 돕기 위해서 약 2,000개에 달하는 상장사 중에서 중장기 재무손익 추이, 각종 수익률과 성장률 등이 상대적으로 우량하여 분석후보군으로 타당한 기업들을 선정했습니다.

이 중 수십 개의 우량기업을 홈페이지에 공개하고 가치투자 교육 수강생들에게 분석하게 하고 과제리뷰를 통해 분석능력 향상을 위한 코멘트를 해왔습니다.

* 주식기본용어

- 평가원에서는 홈페이지에서 가장 기본적인 주식용어들의 설명을 통해 입문자들의 주식투자용어 이해를 돕고 있습니다.

3. 실전가치투자 특강수강증 (한국주식가치평가원)

실전가치투자 특강수강증

「대한민국 주식투자 역발상전략 행동경제학」의 저자, ㈜한국주식가치평가원 류종현 대표이사가 강연하는 특강에 본 수강증을 지참하시면 무료로 수강하실 수 있습니다. 반드시 본 수강증을 활용하시어 무료로 특강을 수강할 수 있는 혜택을 꼭 누리시기 바랍니다.
자세한 강연내용 및 장소는 ㈜한국주식가치평가원 홈페이지 (www.kisve.co.kr)를 참고하시기 바랍니다.

◀ 절취선 ▶

- 신청방법 : 특강신청기간(매년 실시) 동안 customer@kisve.co.kr로 성함과 휴대폰번호를 보내주시면 신청이 완료되며, 확정안내 SMS를 회신해드립니다.
- 강연당일 본 수강증을 지참하시어 제출해주시기 바랍니다.
- 자세한 특강 일정 및 장소 안내는 www.kisve.co.kr 공지사항을 참조하시기 바랍니다.

성 함 : _____

휴대폰 번호 : _____

※ 본 수강증은 반드시 원본만 유효하며, 복제를 금합니다.

㈜한국주식가치평가원